기도
플랫폼

기도 플랫폼

발행일	2020년 5월 18일

지은이	김우성		
펴낸이	손형국		
펴낸곳	(주)북랩		
편집인	선일영	편집	강대건, 최예은, 최승헌, 김경무, 이예지
디자인	이현수, 김민하, 한수희, 김윤주, 허지혜	제작	박기성, 황동현, 구성우, 장홍석
마케팅	김회란, 박진관, 장은별		
출판등록	2004. 12. 1(제2012-000051호)		
주소	서울특별시 금천구 가산디지털 1로 168, 우림라이온스밸리 B동 B113~114호, C동 B101호		
홈페이지	www.book.co.kr		
전화번호	(02)2026-5777	팩스	(02)2026-5747

ISBN	979-11-6539-206-2 04230 (종이책)	979-11-6539-207-9 05230 (전자책)	
	979-11-6539-205-5 04230 (세트)		

이 도서의 국립중앙도서관 출판예정도서목록(CIP)은 서지정보유통지원시스템 홈페이지(http://seoji.nl.go.kr)와
국가자료공동목록시스템(http://www.nl.go.kr/kolisnet)에서 이용하실 수 있습니다.
(CIP제어번호: CIP2020019701)

굴 뚝 기 도
실행 시리즈

실시간 기도의 맥을 잡아주는 방향과 운영체제

기도
플랫폼

김우성 지음

북랩 book Lab

프롤로그

  훈훈한 외모, 40대의 젊은 나이, 배우, 복싱선수, 번지점프 코치 등 변화무쌍한 이력, 화려한 색깔의 양말까지 신는 패셔니스타. 연예인한테나 어울릴 듯한 위 수식어의 주인공은 다름 아닌 쥐스탱 트뤼도 캐나다 총리다. 2015년 10월 총선에서 자유당의 승리로 총리에 오른 그는 '40대 훈남 총리'로 국내외에서 화제가 됐다. 특히 그는 같은 해 11월 캐나다 역사상 첫 남녀 동수 내각을 구성하며 큰 반향을 일으켰다. 왜 동수 내각을 구성했느냐는 질문에 "지금은 2015년이니까요."라는 그의 '쿨한' 대답은 유명 배우 못지않은 인기를 불러왔다. 나는 이 책을 쓰게 된 동기를 트뤼드 총리와 동일하게 이렇게 말하고 싶다.

  "지금은 2020년이니까요."

  지금 한국교회와 성도들은 코로나 바이러스19 감염증으로 인해 두려움과 불안감에 휩싸이고 있다. 정치적으로는 이념과 진영 갈등으로 초 갈등사회에 진입하고 있다. 그리고 신앙적인 부분에서도 한국교회와 성도들은 여전히 탐심과 욕망을 십자가에 못 박지 못하고 있으며 구별된 삶을 살아내지 못하고 있다. 그 가운데 교회와 성도의 숨겨진 죄악과 연약한 믿음의 민낯이 여과 없이 드러나고 있다. 이 같은 총체적인 난국 앞에서 우리는 무엇을 개혁해야 하며, 무엇에 집중해야 하는가? 하는 질문을 던질 수밖에 없다. 나는 그 출발점을 마음을 찢는 통회와 하나님의 심장을 울리는 기도의 삶이라고 생각한다. 하나님 앞에 낮아짐과 무릎기도의 동력을 다시 회복한다면, 우리에게 향하신 하나님의 긍휼하심을 입게 될 것이다.

신종 코로나바이러스 감염증으로 비대면 예배를 드려야 하는 지금, 단연 눈에 띄는 기도 전략은 비상 상황에서 드리는 특별기도다. 느헤미야와 에스더처럼 비상시국엔 밤새 간절히 기도하는 식으로 기도 수준을 높여야 한다. 평소 우리는 요식행위처럼 기도하는 경향이 있다. 그러나 예수님은 순간의 필요에 따라 기도의 수준을 높이고 더욱 간절히 기도하셨다. 비상한 기도는 비상한 결과를 낼 수 있다.

요즘 많은 크리스천들이 성령님 안에서 항상기도와 집중기도에 전념하지 못하고 있다. 이유는 여러 가지가 있겠지만, 그 이유를 분석하기 전에 다시 기도의 뜨거운 불을 지피는 기도운동의 시작과 기도생활화에 대한 필요성이 대두되어야 하겠다. 성도가 하나님과의 친밀한 기도의 삶이 지속되지 못하면, 곧바로 낙심 바이러스가 침투하여 기도가 막히고, 믿음이 저하되어 하나님이 원하시는 살아 있는 믿음을 보일 수 없다.

어느 날 주일 설교를 준비하는 가운데 하나님이 성령의 감동으로 나에게 당분간 유머 사용을 절제하라고 하셨다. 나는 가끔 설교 중에 성도들의 굳어 있는 마음을 열어주기 위한 방법으로 재미있는 예화나 유머를 구사한 적이 있었다. 그러나 하나님은 일부러 유머에 관심 갖지 말라고 하셨다. 왜냐하면 시대가 악하므로 죄가 성도들의 삶에 파고들어왔고, 믿음의 사람들이 기도하지 못하므로 그 후유증이 증폭되어 영적 환자가 속출하고 있기 때문이라고 하셨다. 나는 "설마요. 하나님, 저는 많은 분들이 깨어 있는 삶을 살고 있다고 생각합니다. 그렇게 성도들의 영적 상태가 어둡지만은 않은 것 같습니다."라고 하나님께 질문한 적이 있다. 그러나 하나님은 누가복음 18장 8절을 나에게 제시하셨다. "인자가 올 때에 세상에서 믿음을 보겠느냐."

예수님은 누가복음 18장에 나오는 힘없고 원한 많은 한 과부의 비유를 통해 말세를 만난 신자들에게 적극적인 기도 자세를 요구하고 있다. 주님이 다시 오시는 그 시대는 생각보다 억울한 일도 많이 생기고 답답한 상황도 많이 발생하게 될 것이다. 또한 사치와 향락을 즐기는 노아의 때와 같이 하나님의 말씀을 따르지 않고 육신의 본능으로 살아가는 자들이 많아질 것이다. 그리고 인본주의와 물질 중시 문화가 팽배해질 것이다. 이렇게 타락한 세상의 한복판에 우리가 살아가고 있다는 사실을 성도는 항상 기억해야 한다.

이 같은 때에 주님은 우리에게 장차 올 그 모든 일을 능히 피하고 인자 앞에 설 수 있는 방법을 제시하신다. 그 은혜의 수단도,

세상을 이길 힘의 능력도 오직 기도이다. 기도는 믿음을 상승케 한다. 또한 기도는 믿음을 정금같이 단련한다. 기도와 믿음은 상호보안 또는 불가분의 관계이다. 믿음을 강화시키는 기도의 최고 정점은 밤낮 부르짖는 기도의 삶에서 비로소 시작된다.

하나님은 우리에게 밤낮 부르짖는 기도의 삶을 통해 신자가 품고 있는 원한과 잃어버린 권리를 회복시켜주겠다고 약속하셨다. "하물며 하나님께서 그 밤낮 부르짖는 택하신 자들의 원한을 풀어주지 아니하시겠느냐 그들에게 오래 참으시겠느냐 내가 너희에게 이르노니 속히 그 원한을 풀어주시리라 그러나 인자가 올 때에 세상에서 믿음을 보겠느냐 하시니라(눅 18:7-8)." 주님은 밤낮 주님을 찾고 주님께 호소하는 자들에 대한 보호와 승리를 약속하셨다. 그러므로 우리는 항상 하나님을 향해 부르짖는 기도 패턴을 주야로 유지해야 한다.

그러나 말세를 살아가는 신앙인들에 대한 주님의 예측은 그리 낙관적이지 않다. 그 사실을 성경에서 찾아내는 것은 어려운 일이 아니다.

성도가 성령 안에서 쉬지 않고 기도하는 일에 소홀하므로 기도의 맥을 놓쳐서, 깊이 있는 기도의 삶을 살아내지 못하고 있다. 믿음과 기도는 상호연관성을 가지고 있다. 그래서 기도를 매개로 삼아 하나님께 가까이 나아가는 자는 믿음도 동시에 상승된다. 주님이 장차 강림하실 때 성도들에게 꼭 찾으시는 것은 분명 믿음이다. 그 믿음이 신랑 되시는 주님 앞에 나아가는 신부의 자격이기 때문이다. 믿음은 그냥 저절로 생기거나 어제의 믿음이 오늘과 미래에까지 유지되는 것도 아니다. 믿음의 성장은 반드시 기도의 삶을 매개해서 이루어진다.

"사랑하는 자들아 너희는 너희의 지극히 거룩한 믿음 위에 자신을 세우며 성령으로 기도하며(유 1:20)."

죄가 관영하고 혼탁한 마지막 때에 기도는 해도 되고 안 해도 되는 선택 사항이 아니다. 기도는 포기하지 않고 항상 해야 하는 것이다. 모든 삶의 영역에서 기도가 삶이 되어야 한다. 오늘 한국교회가 간과하며 등한시 여기는 죄는 어떤 죄일까. 그것은 '기도하지 않는 죄'일 것이다. 사도바울은 디모데에게 보낸 목회서신에서 성도는 말씀과 기도로 거룩해진다고 했다. 말씀과 기도는 두 날개와 두 수레바퀴와 같다. 새가 잘 날거나 수레바퀴가 잘 굴러가려면 서로 균형을 잡아야 한다. 말씀의 힘과 기도의 힘이 하나로 모아질 때 온전한 신앙인의 삶을 살아낼 수 있는 것이다. 기도의 날개와 기도의 수레바퀴가 균형을 잘 이룰 수 있도록 미진했던 기도의 삶을 강하게 끌어올려야 한다.

예수님께서는 우리에게 모든 일을 시작할 때나 모든 일을 진행할 때마다 기도와 간구로 하나님께 아뢰라고 하셨다. 그러므로 기도는 신앙인의 삶의 책무이며 삶의 업무이다. 업무를 게을리하거나 업무에 불성실하면 직무유기이다. "아무것도 염려하지 말고 다만 모든 일에 기도와 간구로, 너희 구할 것을 감사함으로 하나님께 아뢰라(빌 4:6)." 여기서 '모든 일에'란 말은 '언제나'를 말한다. 우리가 기도를 항상 할 수 있음에도 기도해야 할 때 기도하지 않는 것은 죄이다. 하나님은 기도라는 매개를 통해 우리와 소통하길 원하신다. 성도가 무슨 일을 하든 기도라는 채널을 가동하는 좋은 습관을 생활화하길 원하신다.

"구르는 돌에는 이끼가 끼지 않는다."라는 속담이 있다. 이와 마찬가지로 우리가 쉬지 않고 기도할 때 염려, 근심, 두려움, 불안, 유혹 등이 우리 곁에 다가오지 못한다. 우리가 규칙적인 기도의 발걸음을 꾸준히 유지한다면, 오만 가지 불필요한 생각들이 변해서 오만 번의 감사와 오만 번의 기도로 바뀌게 될 것이다. 계속되는 하나님의 돕는 손길을 느끼며, 따스한 성령님의 임재를 체험하게 될 것이다.

기도는 당신의 운전대인가, 아니면 보조 타이어인가? 믿음의 거인들은 기도를 단지 필요할 때만 꺼내 사용하는 보조 타이어로 삼지 않고, 그들 생에 가운데 삶의 방향을 인도하는 운전대로 삼았다. 지금 당신이 기도하는 삶을 즐거이 추구하고 실행하는 한, 하나님은 당신 삶의 운전대를 잡고 실패 없는 최선의 길로 당신을 인도해가실 것이다.

나는 이러한 기도의 중요한 패턴을 20년이 넘도록 이어왔고, 지금도 성령님 안에서 계속적인 기도의 삶을 추구하고 있다. 나는 여전히 연약하지만 성령님께서 나에게 부여한 두 가지 사명이 있다. 첫째는 기도 성화 봉성자로, 어디에 있든지 무엇을 하든지 기도의 불을 뜨겁게 지피는 불쏘시개 역할을 하는 것. 둘째는 영적인 분별을 통해 교회와 성도들에게 침투하는 사탄의 공격에 대한 분석과 방비 대책을 세우는 영적인 보안관의 임무이다. 이 책을 통해 독자들이 효과적이고 능력 있는 기도의 삶을 다시 되찾고, 기도가 삶이 되고 삶이 기도가 되는 아름다운 영역 안으로 들어오길 소망한다. 이 책은 매일의 삶에 그리스도의 통치를 구하는 행위가 기도라는 것을 확신시켜주며, 기도가 삶이 되는 길을 안내하는 지침서가 될 것이다.

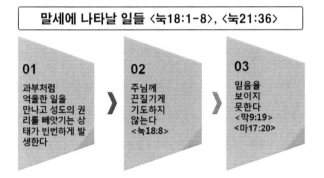

[인자가 올 때 믿음을 보겠느냐?]

말세에 나타날 일들 〈눅18:1-8〉, 〈눅21:36〉

01
과부처럼 억울한 일을 만나고 성도의 권리를 빼앗기는 상태가 빈번하게 발생한다

02
주님께 끈질기게 기도하지 않는다
〈눅18:8〉

03
믿음을 보이지 못한다
〈막9:19〉
〈마17:20〉

차 례

1부

친밀함으로 우리의 기도를
이끄시는 성령님

시편 91편은 지존자의 은밀한 곳에 거주하며 전능자의 그늘 아래에 사는 자에 대한 하나님의 안전한 보호와 구원에 대해서 기록하고 있다. 지존자의 은밀한 곳에 거하는 자는 어떤 자인가.

첫째, 하나님과 더없이 가까운 친교와 교제 속으로 들어가는 자이다.

이 시편은 표제를 가지고 있지 않다. 그러나 시편의 전반적인 내용이 신명기 32, 33장과 유사하다는 점을 들어 모세의 저작으로 보고 있다. 모세는 광대하고 위험한 광야의 길을 걸으면서 지치고 피곤하여 넘어진 것이 아니라, 황량한 광야에서 오히려 하나님과 더 친밀한 만남을 갖게 되었다. 모세는 40일씩 두 번이나 시내산 꼭대기에서 하나님과 은밀한 시간을 가졌다. 그 가운데 모세는 그 거룩한 하나님 앞에서 사람이 자기의 친구와 이야기함같이 하나님과 대면했다. 하나님과의 친밀함은 하나님의 초대로 마련된 시내산 정상 기도 테이블에서 시작되었다. 아브라함은 하나님께 친구라는 호칭을 받았다. "이에 성경에 이른 바 아브라함이 하나님을 믿으니 이것을 의로 여기셨다는 말씀이 이루어졌고 그는 하나님의 벗이라 칭함을 받았나니(약 2:23)."

하나님은 또한 아브라함에게 비밀을 숨기지 않으셨다. "여호와께서 이르시되 내가 하려는 것을 아브라함에게 숨기겠느냐(창 18:17)." 하나님과 친밀한 자에게 주시는 복 중에 하나가 함께 동행함이다. 지금도 하나님은 여전히 하나님을 신뢰하는 자에게 친밀함으로 다가오시며, 하나님의 행하시는 일들에 대한 사인을 말씀과 성령의 감동을 통해 미리 보여주고 알게 하신다. 결국 지존자의 은밀한 곳에 거하는 자는 하나님과 친밀한 대화를 이어가는 자이다.

둘째, 하나님을 사랑하고 하나님의 이름을 경험적으로 아는 자이다. 사랑은 서로의 친밀함을 북돋는 매개이다. 예수님이 부활 이후 베드로를 다시 만나 물었던 첫 질문은 "네가 이 사람들보다(이것들보다) 나를 더 사랑하느냐"였다. 하나님과 우리 사이도, 사람과 사람 사이도 사랑이 제일이다. 하나님을 사랑하는 자는 하나님과 함께하기를 원하고 그분의 계명을 사랑하게 된다. 그 계명 중에 하나가 '항상 기도하라'이다. 이 말씀을 삶으로 적용하면 '항상 나와 대화하자'가 된다. 사랑의 꽃은 만남의 장소에서 활짝 피어난다.

행복한 삶은 이 시대 모두가 바라는 지상목표이다. 그렇다면 성도가 가장 행복할 때는 언제일까? 하나님과 친밀한 사귐을 가질 때가 아닐까? 아빠 아버지 되시는 만군의 여호와 하나님의 사랑을 공급받고, 그분과 더불어 먹고 마시는 영적인 삶을 살아간다는 것은 성도의 가장 이상적인 소망이고 삶의 목표이다. 이를 위해 우리는 사귐의 기도에 매일 힘써야 한다. 하나님과 매일 함께하는 사귐은 우리를 행복 꼭짓점에 이르게 한다.

하나님과의 친밀한 대화는 마치 아버지와 자녀의 대화와 같다. 종은 상전에게 말과 행동에 합당한 예의를 갖추어야 하지만, 자녀와 아버지의 관계는 깍듯이 예의를 갖추지 않아도 된다. 그 관계 자체가 상호연합이며 하나됨의 사랑이기 때문이다. 따라서 하나님과 친밀함으로 나가는 기도는 우리의 모든 일상에서 말과 생각과 행동으로 표현될 수 있다. 왜냐하면 우리는 이미 하나님과 공간적인 제약 없이 성령 안에서 언제나 함께할 수 있기 때문이다. 하나님과의 사귐에 기도보다 더 좋은 통로는 없다. 기도로 하나님과의 사귐이 쌓일수록 친밀감이 깊어진다. 일찍이 이 사실을 깨닫고 누렸던 영국의 영성가 노르위치 줄리안의 고백을 한번 들어보라.

"주님 자신을 저에게 주소서. 저에게는 주님만 있으면 충분합니다. 오직 주님 안에 있을 때 저는 모든 것을 가지고 있는 것입니다."

크리스천으로서 우리는 하나님의 일을 하지 못함에 대해 한 가지 이상의 변명을 언제나 가지고 있다. 시간, 건강, 여건 등의 이유로 변명을 늘어놓는다. 그러나 시간이나 여건은 저절로 주어지는 게 결코 아니다. 만일 우리가 모든 여건이 갖춰질 때까지 기다린다면, 하나님의 일을 하는 데 필요한 시간이나 여건을 절대 발견하거나 찾지 못할 것이다. 시간이나 여건을 적극적으로 만들어야 한다. 복잡다단한 시대를 살고 있는 오늘날의 일상은 끊임없이 우리에게 더 많은 시간과 관심을 요구한다. 그래서 바쁘고 시간에 쫓

겨 허둥댄다. 그러나 하나님은 모든 일에 있어 우리가 "먼저 그의 나라와 그의 의"를 구하기를 원하신다. 우리 일상에 가장 중요한 일을 할 때 하나님이 거기에 계셔야 하며, 우리가 가장 바쁠 때도 그곳에 하나님이 먼저 계셔야 한다. 진정한 하나님과의 사귐은 하나님을 존중히 여기는 데서부터 시작된다.

모든 삶의 영역에서 하나님이 일하시도록 그분과의 만남을 위한 최고의 시간을 다져가야 한다. 아삽은 시편 73편에서 자신이 하나님과 얼마나 가까이 지내고 있는지를 노래로 표현했다. "내가 항상 주와 함께하니 주께서 내 오른손을 붙드셨나이다(23절)." 이어서 아삽은 이 세상에서 가장 큰 복이 무엇인지를 주저함 없이 고백했다. "하나님께 가까이함이 내게 복이라. 내가 주 여호와를 나의 피난처로 삼아 주의 모든 행적을 전파하리이다." 아삽은 하나님과 거룩한 동행을 이어가면서 하나님이 자신의 피난처가 되어 놀라운 일을 행하시고, 때를 따라 복을 내려주신 것에 대한 모든 행적을 적극적으로 전파했다. 하나님과 사귐이 있는 삶은 언제나 풍성한 열매를 맺게 하고, 하나님으로 인한 간증이 흘러넘치는 삶을 살게 한다.

성령님은 우리의 기도 코치이다. 우리가 어떻게 기도해야 할지 모를 때, 그리고 기도하는 자리를 사수하지 못하고 이곳저곳을 서성일 때, 신속히 다가와 기도의 문을 열어주신다. 성령님은 친절한 기도 코치다. 친히 우리와 함께 기도하기 때문이다. 하나님과의 긴밀한 대화를 이어가는 모든 과정 속에 개입하셔서 친히 신자의 기도를 주도하신다.

성령님은 우리 안에서 모든 것을 생각나게 하고 모든 것을 가르치시는 스승이다. 그러므로 기도할 때마다 먼저 성령님께 기도의 주도권을 내어드려야 한다. 우리가 시작하고 우리가 부르짖는 기도가 성령님 안에서 성령님의 인도와 도움을 통해 바르게 시작된다면, 우리는 매우 강력한 기도의 사람이 될 것이다.

대부분의 성도들은 성령 안에서 항상 기도하라는 하나님의 말씀을 잘 알고 있다. 그러나 그 말씀을 삶으로 적용하고 살아내기는 무척 어렵다. 사실 우리가 간과하는 것이 하나 있다. 그것은 쉬지 않고 기도하는 훈련을 하기 전에, 항상 성령님 안에 있는 삶을 먼저 살아가는 것이다. 요셉이 하나님 앞에서 생각하고 말하고 행동한 것처럼, 성령님이 우리 안에 계시고 우리의 기도와 삶을 인도하신다는 사실을 먼저 인식하는 것이 더 중요하다. 나는 기도할 때마다 성령님이 내 안에 계시고 내 옆에 계신다는 것을 잊어본 적이 없다.

그리고 내가 하는 말을 다 듣고 계신다는 것 또한 인식하고 있다.

성령님과의 의식적인 친밀한 접근이 나의 기도를 끌어올린 비결이다. 가끔 숨도 못 쉴 것 같은 답답함과 위기가 몰아닥칠 때는 내 곁에 계시는 성령님 앞에 서러움의 눈물을 쏟는다. 내 형편과 사정을 아시는 성령님께 눈물을 쏟고 나면 마음에 즉시 위로와 평안을 경험한다.

이 같은 성령님의 내주와 우리 안에서의 감동 감화의 사역을 확실하게 인정한다면, 그분과 항상 기도하는 것은 그리 어렵지 않다.

2018년 여름 기온이 최고 38도까지 치솟는 최악의 폭염과 열대야가 연일 이어질 때, 나는 에어컨이 있는 곳으로 매일 이동하며 더위를 피하며 다녔다. 특히 열대야로 인해 밤잠을 이루지 못하는 가운데 에어컨 예약 기능을 사용하여 밤마다 3~4시간씩 에어컨을 작동했다. 예약된 시간까지 에어컨은 정확히 작동하고 있었다. 이때 갑자기 에어컨 예약 기능이 24시간 기도 실행원리와 비슷하다는 생각이 내 머리를 스쳐지나갔다. 에어컨의 예약 기능이 정확하게 실행되는 것처럼 하나님과 내가 항상 기도하는 삶을 살기로 예약하면 어떨까 하며, 순간 성령님과의 24시간 기도 예약 시스템을 생각하게 되었다. 많은 분들이 일상을 기도의 삶으로 사는 게 불가능하며 쉬지 않고 하나님을 생각하는 것이 어렵다고 생각한다. 그 이유는 우리의 힘과 노력을 앞세워 기도하려고 하기 때문이다. 성령님과 연합하고 거룩한 동행을 이어나갈 때 기도는 쉽다. 또한 위에서 말한 것처럼 성령님과 항상 기도하겠다고 예약을 하면 그 예약이 실행되고 있기 때문에 언제든지 기도의 패턴이 항상 예열된다. 기도가 자주 끊길 때는 이렇게 고백하면 된다. "나는 성령님과 24시간 평생기도 예약이 되어 있다. 그러므로 나는 다시 성령님 안에서 기도를 이어간다."

"만일 우리가 성령으로 살면 또한 성령으로 행할지니(갈 5:25)."

"내가 이르노니 너희는 성령을 따라 행하라 그리하면 육체의 욕심을 이루지 아니하리라(갈 5:16)."

[성령 안에서 기도]

24시 기도 모드를 예약하라 (리모컨 원리)

예약이 작동 되어 있음을 상기하라 (행동활성화 기도)

성령님의 조명과 그 뜻을 따라 기도하라 (기도 생활화)

▷ **느헤미야 <느2:4> - 순간 기도**
▷ **다윗 <시139:18> - 여전한 기도**

- 항상 기도로 예열된 마음을 유지하라 (예열기도)
- <롬 1:9> "항상 내 기도에 쉬지 않고 너희를 말하며"
- <행 10:2> "항상 기도하더니"(고넬료)
- <시 105:4> "그의 얼굴을 항상 구할지어다"

1.
항상 기도로 신앙을 예열하라

경영학자 피터 드러커는 자신의 책 『자기 경영』에서 "시간은 저장하지 못한다. 돈은 저축할 수 있어도 시간은 저축하지 못한다. 대체 불가능한 것이다. 다만 시간이란 길게 만들 수도 있고 짧게 만들 수도 있다. 중요한 시간으로 만들 수도 있고 완전히 멍청하게 없애버릴 수도 있다."라고 말했다. 시간까지 위임받은 우리 청지기들은 예수님의 삶을 따라 시간의 가치를 새롭게 창조해야 한다. 시간 관리, 시간 경영에 성공해야 우리도 예수님처럼 위대한 가치를 만들어낼 수 있다. 오늘 하루를 사는 모두에게 24시간의 시간은 공평하게 주어진다. 그러므로 하나님이 우리에게 선물한 24시간을 가치 있고 창조적인 삶으로 만들어가기 위해 부단히 노력해야 한다. 나는 그 첫걸음을 성령 안에서 쉬지 않는 기도로 시작한다.

나는 '굴뚝기도 시스템' 강사로 활동하고 있다. 이 기도의 특징은 삶 가운데 쉬지 않고 기도하는 방법을 가르치는 데 있다. 그래서 말이 기도이며, 생각이 기도임을 강조한다. 또한 자투리 시간을 활용해서 끊임없이 하나님과 대화하고, 하나님의 임재를 경험하는 방법을 가르친다. 오직 기도로 하나님께 몰입하는 삶을 생활 속에서 누구나 할 수 있도록 가르치고 있다.

성도는 항상 기도하는 패턴을 유지해야 한다. 음악에서 리듬이 중요하듯 신앙생활에서 기도의 리듬은 매우 중요하다. 그 리듬은 항상 일정해야 한다. "예수께서 그들에게 항상 기도하고 낙심하지 말아야 할 것을 비유로 말씀하여(눅 18:1)." 그래서 성도는 쉬지 않고 기도하는 흐름을 이어가야 한다. 잠자리에서 일어난 그 시간부터 잠자리에 드는 시간까지 마음과 생각으로 기도하고, 일상의 말들이 기도로 전환되며, 자투리 시간들까지도 기도의 시간으로 만들어야 한다. 그 흐름이 중단되면 기도의 불은 사그라지고 만다. 그래서 다시 기도의 불을 지펴야 하는 수고로움이 뒤따른다. 항상 기도로 마음과 신앙을 예열하면 신앙의 기복은 좀처럼 발생하지 않는다. 언제 어디서나 주님을 향한 집중이 가능하게 된다.

예를 들어 불이 계속 지펴지지 않아 꺼져버리면 다시 불을 지피기가 쉽지 않다. 그러나 타오르는 불을 계속 유지하면 그 불은 계속 뜨겁게 타오른다. 이 시대 많은 신앙인들이 기도의 불을 꺼뜨리고 있다. 그로 인해 주님과의 거룩한 동행을 이어가지 못하고 있다. 또한 기도 골방의 자리를 사수하지 못하고 있다. 호흡을 쉬지 않고 하는 것처럼 영적 호흡인 기도도 항상 규칙적으로 해야 한다. 사람은 밥을 먹지 못하면 40일 이상 살 수 없고, 물을 마시지 않으면 7일을 넘기기 어렵다. 숨을 쉬지 않으면 3분도 버틸 수 없다. 생명 유지는 호흡과 직결되어 있다. 뇌세포는 1분만 산소를 공급 받지 못해도 죽기 시작한다. 숨은 생명의 현상이 아니라, 생명 그 자체이다. 이 귀한 숨은 의식하지 않고 쉰다.

마찬가지로 영적인 호흡인 기도는 자연스럽게 하는 것이다. 성령 님 안에서 매 순간 기도로 호흡해야 한다. 우리는 항상 기도해야 하며, 항상 기도할 수 있다는 사실을 잊지 말고, 기도가 삶이 되고, 삶이 기도가 되는 자리에 서야 한다. 그리스도의 제자라면 '퐁당퐁당 기도'를 해서는 안 된다. 매일 꾸준히 호흡하듯 기도해야 한다. 그래야만 신앙의 탈진을 예방할 수 있다.

네덜란드의 위대한 피아니스트인 이그나찬 페테레스키는 다음과 같은 아주 중요한 말을 남겼다. "내가 하루 동안 피아노를 연습하지 않으면 내가 나의 기술에 이상이 생긴 것을 알 수 있고, 이틀을 연습하지 않으면 일반 청중이 그것을 안다." 피아노 기술에 있어서 이것이 사실이라면, 이것을 우리의 기도생활에도 적용할 수 있다. 우리가 하루를 기도하지 않는다면, 자신의 영적 경험에 있어서 의심할 것 없이 어떤 변화를 인식하게 될 것이다. 이틀을 기도 없이 보내면 식구들이 그것을 알고, 일주일을 기도하지 않으면 가정 밖의 다른 사람들이 우리에게 일어난 변화를 알게 될 것이다. 헬라어 '판토테'는 '항상'이라는 말로, '밤낮으로 부르짖는다'는 의미와 '쉬지 않고 기도한다'는 의미를 내포하고 있는 단어이다. 생활 속에서 항상 기도하는 것은 우리를 향하신 하나님의 뜻일 뿐 아니라 언제나 진리이다.

[굴뚝 기도 시스템 원리]

성령이 생각나게 하심을 따라 기도하라

믿음은 이상이 아니라 현실이다. 하나님 말씀 또한 우리 삶의 현실이 되어야 한다.

이를 위하여 히브리 기자는 말씀을 듣는 자는 그 들은 말씀을 믿음과 결부시켜야 한다고 했다(히 4:2). 광야 시대의 이스라엘은 들은 말씀을 믿음으로 수용하지 않고 또 그것을 믿음의 표현인 순종으로 전환하지 않아 멸망했다. 말씀을 삶으로 결부시키지 못했고, 결국 그 말씀을 귀로만 듣고 삶으로 살아내지 못했다. 그러므로 그들의 신앙은 한 걸음도 진보하지 못했다. 하나님의 계시는 객관적 실재이다. 하나님의 객관적 실재를 자신과 결합시키는 것이 곧 믿음이다. 믿는 사람이 주관적인 믿음으로 자신과 하나님의 객관적 실재를 결합시킬 때, 하나님의 말씀은 그에게 구원을 가져다준다. 하나님의 말씀을 은행이 보증하는 수표 등과는 결코 비교조차 할 수 없다. 진정으로 믿을 만하고 신뢰할 만한 것으로 받아들이는 자들은 온전히 그분의 약속들에 참예하게 된다.

또 하나 우리가 결부시켜야 할 말씀은 성령 안에서 무시로 기도하는 것이다(엡 6:18).

신자의 믿음의 현실 중에 하나는 성령과 함께 기도하는 삶을 살아내는 것이다. 기도를 시작할 때부터 마칠 때까지 성령님의 조명과 지도를 받아 기도하는 습관이 신앙인의 현실이 되어야 한다. 그 현실을 우리는 이제 성령님과 함께 실현해야 한다. 이를 위하여 우리의 육신의 생각을 영의 생각으로 전환하며, 결국에는 기도로 승화시키는 단계로 나아가야 하겠다.

사무엘 스마일이라는 심리학자는 "생각은 행동을 낳고, 행동은 습관을 만들고, 습관이 쌓이면 성품이 되고, 성품은 그 사람의 운명을 결정한다."라고 말했다. 우리의 삶이 더 나아지기를 원한다면, 그리고 우리가 살아가는 삶에 변화를 추구한다면, 우리는 자신의 생각을 책임지는 삶을 살아야 한다. 우리의 생각을 깨우치는 생각의 법을 성령의 생각으로 고정시켜야 한다.

예수님은 장로들의 전통을 하나님의 계명보다 우선시하는 자들을 책망하시며, 제자들에게 진짜 사람을 더럽게 하는 것에 대하여 가르치셨다. 입에서 나오는 것들은 다 사람의 마음에서 나오는데, 그 마음에는 악한 생각이 도사리고 있다는 것이다. 그 악한 생각들 대부분은 육신의 생각들이다. "마음에서 나오는 것은 악한 생각과 살인과 간음과 음란과 도둑질과 거짓 증언과 비방이니(마 15:19)." 예수님은 이러한 것들이 사람을 더럽힌다고 말씀하셨다.

1952년 10월 6일부터 15일까지 열흘 동안 백마고지에서는 서로 뺏고 빼앗기는 과정을 무려 열두 번이나 반복하다, 결국 우리 군 백마부대의 승리로 끝났다. 이 전쟁이 치열함은 이 전쟁에 투입되었던 병력과 전쟁 물자를 보면 가늠할 수 있다. 이 전쟁으로 중공군은 1만 명, 우리 군은 3,500여 명의 사상자를 냈다. 이 전투에서 우리 군은 21만 9,954발, 중공군은 5만 5천 발, 총 27만 4,954발의 포탄을 쏟아부었다. 작은 고원을 두고 이토록 치열한 전쟁을 벌인 이유가 무엇일까? 이는 백마고지가 가진 전략적인 중요성 때문이다. 백마고지에 오르면 눈앞에는 철원평야가 펼쳐져 있고, 부근의 철원과 김화군을 모두 아우르고 제압하기 좋은 요충지였으며 서울로 통하는 유엔군의 주 보급로로 최적의 요건을 갖춘 곳이었다. 마찬가지로 우리의 생각은 치열한 영적인 전투가 매일 벌어지는 전쟁터다. 그러므로 수많은 생각을 말씀과 성령으로 조절하지 못하면 우리의 신앙은 견고히 설 수 없다. 나는 매일 이 생각전쟁에서 승리를 거듭하기 위한 방법으로 생각을 기도화 하는 데 초점을 맞추고 있다. 마귀는 신앙인들의 취약한 부분의 하나인 시기와 정욕적인 생각들을 무기로 삼아 선제공격을 퍼붓는다. 그 생각들은 주로 우리가 성장하면서 입은 상처들과 보고 듣고 경험한 죄들로 형성되어 있다. 요즘 같은 코로나19 감염증 정국에는 우울한 생각들이 순간순간 스쳐지나간다. 이러한 치열한 생각전투에서 우리는 반드시 승리해야 한다.

나는 침상에서나 길을 걸을 때, 또는 혼자서 커피를 마실 때도 생각기도를 가동하며 주님과 교통한다. 처음에는 이러한 생각기도 습관이 쉽지 않았지만, 매일 반복하다 보니 오히려 지금은 생각을 기도로 전환하지 않는 게 더 어렵게 느껴진다.

사도 바울도 육신의 생각은 사망이라고 말했다. 우리의 생각은 모든 선과 악의 근원지임이 틀림없다. 그러므로 성령에게 우리의 생각이 점령당하지 않으면 우리는 악한 생각, 즉 육신의 생각 속에서 살아가게 된다. 성령의 말하게 하심을 따라 사느냐, 우리 안에 있는 육체의 법에 이끌려 죄의 속박 가운데 사느냐의 분수령은 오직 성령을 우리 안에 모셔 순종하느냐에 달렸다.

거리를 거닐 때 공중의 새가 당신의 머리 위로 날아가는 것을 쉽게 막을 수 없는 것처럼, 신앙의 의심이 당신의 머릿속에 문득문득 떠오르는 것 또한 쉽게 막을 수는 없다. 하지만 당신은 새들이 당신의 머리 위에서 둥지 트는 것은 얼마든지 막을 수 있다. 마찬가지로 악한 영으로부터 침투해오는 의심의 속삭임과 그것들의 미혹에 강하게 거부할 수 있다. 이러한 것들을 수용하는 것은 육신의 생각을 받아들이는 것이다. 그러므로 즉시 사탄의 속삭임을 강하게 거부해야 한다. 당신의 마음에 죄의 씨앗이 심겨지지 않도록, 당신의 생각에 의심의 먹구름이 둥지를 틀지 못하도록 곧바로 떨쳐내야 한다.

나는 가끔 강화도에 있는 신덕 기도원을 자주 방문한다. 그때마다 기도원에서 그리 멀지 않은 바다가 보이는 한 커피숍에서 썰물과 밀물이 교차하는 모습을 유심히 지켜본다. 서해안은 하루에 두 번 밀물과 썰물이 교차한다. 밀물과 썰물은 달의 인력에 의해 바닷물이 끌려 이동하면서 생긴다. 달의 끌어당기는 힘에 의해서 자연스럽게 바닷물은 이동한다. 이 모습을 유심히 보면서 나는 자연을 통해 참 배울 게 많다는 것을 깨달았다. 바닷물이 자연의 순리대로 질서정연하게 움직이듯이, 나 또한 하나님의 말씀과 성령님의 인도하심에 내 삶을 온전히 맡기는 삶을 살아가야겠다고 다짐했다. 그리고 성령님이 나를 자유자재로 마음껏 사용하시도록 인간적인 힘을 빼고, 육신의 생각을 중단하며, 성령님의 인도를 따르기를 소망했다.

보혜사 성령님은 우리의 삶에 매우 밀접하게 다가와 있다. 우리 안에 계시며 우리의 성전을 아름답게 보전하신다. 다른 무엇보다도 우리의 생각을 주장하신다. 육적인 생각들을 차단하시고 영적인 생명의 생각들을 불어넣어주는 일을 감당하신다.

우리는 하루에 3~4만 가지, 많게는 5만 가지의 생각을 하고 산다. 어찌 보면 생각은 내가 만들어내는 것이 아니라, 어디로부터 와서 우리의 뇌리를 스쳐간다고 해야 더 맞을 것 같다. 생각에는 악한 생각과 선한 생각이 있다. 대부분 우리의 뇌리를 스쳐가는 생각들은 부정적이거나 악한 생각들과 두려움을 주는 생각들이 주를 이룬다. 그래서 우리는 생각과 마음이 그냥 방치되어 악한 본능을 따르지 않도록 생각을 바로잡아야 한다. 왜냐하면 육신의 생각은 사망이기 때문이다. "육신의 생각은 사망이요 영의 생각은 생명과 평안이니라(롬 8:6)."

나는 굴뚝기도 세미나와 기도 부흥회에서 꼭 이런 질문을 청중들에게 던진다.

"혹시 여러분들이 예배를 드릴 때 사도신경이나 주기도문을 외우시는데, 그 짧은 시간에도 여러 생각들이 스쳐지나갑니까?"

이렇게 질문하면 많은 분들이 고개를 끄덕이며 그렇다고 대답한다. 설교 시간에도 마찬가지다. 그렇다면 이와 같은 위험천만한 상태를 어떻게 교정하고, 오직 성령님의 뜻대로 선한 생각과 영의 생각으로 주파수를 맞출 수 있을까?

먼저 생각을 바로잡는 훈련을 시작해야 한다. 스멀스멀 밀려오는 악한 생각은 성도의 신앙 성숙에 치명적인 악영향을 끼친다. 그러므로 즉시 음란과 두려움 그리고 미움의 생각들을 예수님의 이름으로 물리쳐야 한다. 이렇게 기도해보라! "내가 예수님의 이름으로 명하노니 내 안에 더러운 생각과 육신의 생각들은 당장 사라질지어다. 나는 이 악한 생각들을 인정하지 않는다. 지금 당장 두려움의 생각은 떠나갈지어다."라고 선포기도를 해야 한다. 의지적으로 적극적으로 싸우는 것이 승리의 길이며 악한 생각을 퇴치하는 지름길이다.

또 다른 방법 중 하나는 악한 생각들이 머리를 스쳐가면 즉시 생각의 방향을 바꾸는 것이다. 찬양과 기도 모드로 즉시 전환해야 한다. 찬양을 부르며 주님께 집중하고 즉시 기도를 시작하여 악한 생각을 물리쳐야 한다. 사탄은 이미 만민이 기도하는 예루살렘 성전을 강도의 소굴로 만드는 데 성공한 경험이 있다. 또한 가룟 유다의 생각에 침투해 예수님을 은 30에 팔려는 생각을 주입했다. 구약의 성전은 이제 우리 안에 있다. 성령님이 우리 안에서 우리를 성전 삼으시고 머무신다. 만약 우리가 우리 안의 성전을 온갖 세상 것으로 채우고 소란하고 분주한 곳으로 만든다면, 우리의 성전은 마귀의 허영시장이 될 수 있다. 그러므로 반드시 악독한 생각과 음란한 생각의 침투를 허용해서는 안 된다. 그 생각을 받아들이면, 그 다음은 행동이다.

이와 같이 치열한 영적 전투에서 수많은 교전이 이루어지고 있다. 우리는 그 교전에서 반드시 승리해야 한다. 이를 위하여 생각을 정화하고 아름다운 성전으로 세워가는 노력이 필요하다.

특별히 말씀을 암송하며 그 말씀을 묵상하는 모드로 전환한다면, 충분히 육신의 생각에서 멀어질 수 있다. 이와 같이 기도는 생각의 다중처리 능력을 갖출 때 비로소 정상궤도에 오를 수 있으며 항상 기도가 가능해진다. 항상 기도는 하나님을 지향하는 습관이기 때문이다. "주께서 내가 앉고 일어섬을 아시고 멀리서도 나의 생각을 밝히 아시오며(시 139:2)." "예수께서 그 생각을 아시고 대답하여 이르되 너희 마음에 무슨 생각을 하느냐(눅 5:22)." 치열한 영적 전쟁터인 우리의 마음과 생각에 침투한 옛 자아와 옛 생각들을 몰아내고 보전하는 노력에 집중해서 안정을 찾았다면, 우리는 여기서 멈추지 말고 생각을 일상의 기도 테이블로 끌어와야 한다. 일찍이 쉬지 않는 기도를 누리며 살았던 필리핀 선교사 프랭크 라우바흐(Frank C. Laubach)는 이런 고백을 남겼다. "내가 해야 할 것은 이 시간 하나님과 끊임없이 마음으로 대화하며 그분의 뜻에 온전히 순종해 이 시간을 영광스럽고 풍성하게 만드는 것입니다. 이것이 내가 생각해야 할 전부입니다. 나머지는 모두 하나님께서 하실 것입니다."

나는 항상 기도의 삶을 추구하고 그 삶이 생활화, 체질화되어 어느 장소나 어느 시간에도 생각으로 기도하는 습관을 누리고 산다. 처음에는 생각을 기도화하는 습관을 들이기가 매우 어려웠는데, 성령님의 도움과 인도를 통해 어느 정도 생각을 이용한 기도하는 습관이 익숙해졌다. 예를 들어 우리는 새벽기도, 저녁기도 그리고 예배시간 후에 드리는 기도에 집중해왔다. 그 이후 회사에 출근하거나 바쁜 일상으로 돌아갔을 때부터는 자유롭게 통성으로 기도할 수 없다. 그러나 하나님의 사람은 어디에서든지 성령 안에서 무시로 기도할 수 있다. 바로 생각으로 기도를 이어가는 것이다. 나는 걸어갈 때도, 카페에서 차를 마시는 가운데서도, 신호등 앞에서 파란 신호를 기다리는 상황에서도 생각으로 주님과 대화를 기도로 이어간다. 그리고 침상에 누워 있을 때에도 생각이 기도로 전환되어 주님과 대화를 시작한다. 이러한 기도 습관은 기도의 시간을 확보하게 하며 기도 확장의 유익을 준다. 그리고 기도의 지속성을 유지해주며 항상 성령님과 동행하는 길을 열어준다. 이제 기도는 어느 장소 어느 시간에 국한되는 것이 아니라, 성령님 안에서 무시로 할 수 있다. 새로운 기도의 패러다임이다. 이러한 기도 패러다임은 사도바울의 선교사역에서 이미 사용되어온 기도 습관이다.

특별히 성령님이 성도의 마음에 오셔서 모든 것을 생각나게 하시고 모든 것을 가르쳐주시므로 시작된 것이다. 그러므로 무엇보다 기도의 관건은 생각에 달려 있다. 우리의 생각이 항상 하나님께로 향할 때 자연스럽게 일상에서 기도가 쉬지 않고 흐르게 된다. 혹 음악을 좋아하는 이가 있다면 쉽게 이해할 것이다. 음악을 듣기 위해 라디오 주파수를 음악 채널에 고정해놓으면, 내가 무슨 일을 하더라도 나의 일과 전반에 그 음악이 배경음악(BGM)으로 흐르게 된다. 이처럼 우리의 생각이 하나님께 고정돼 있으면 일상 전반에 걸쳐 성령의 온전한 지배가 이뤄져 무엇이든지 순간순간 하나님과 대화가 이뤄진다. 이것이 바로 쉬지 않는 기도이다.

[생각이 기도]

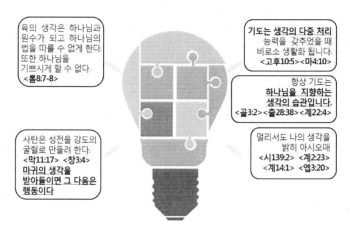

육의 생각은 하나님과 원수가 되고 하나님의 법을 따를 수 없게 한다. 또한 하나님을 기쁘시게 할 수 없다.
<롬8:7-8>

기도는 생각의 다중 처리 능력을 갖추었을 때 비로소 생활화 됩니다.
<고후10:5> <마4:10>

항상 기도는 하나님을 지향하는 생각의 습관입니다.
<골3:2> <출28:38> <계22:4>

사탄은 성전을 강도의 굴혈로 만들려 한다.
<막11:17> <창3:4>
마귀의 생각을 받아들이면 그 다음은 행동이다

멀리서도 나의 생각을 밝히 아시오매
<시139:2> <계2:23>
<계14:1> <엡3:20>

성령이 말하게 하심을 따라 기도하라

4년마다 한 번 돌아오는 국회의원 선거는 당의 정책과 선거 출마자의 공약 그리고 인물론을 앞세우는 전략으로 치러진다. 그런데 요즘 선거에서는 간과해서는 안 되는 또 하나의 중요한 전략이 있다. 그 전략은 선거 후반 막말조심이다. 사람들은 말에 뼈가 있다고 말하기도 하고, 말에는 그 사람의 마음이 표현되어 있다고도 한다. 그래서 말 한마디의 실수는 선거 전체에 큰 파장을 일으킬 수 있는 무서운 폭탄이 될 수 있다. 마찬가지로 신앙인에게도 말은 매우 중요하다. 그것은 말이 그 사람의 인격을 표현하기 때문이며, 말이 그 사람의 정체성과 신앙의 척도를 보여주기 때문이다.

그냥 자기가 생각하고 자기가 하고 싶은 대로 말하는 사람은 세월이 흘러도 신앙의 성장과 성숙의 자리에 이르지 못한다.

성령님이 말하게 하심을 따라 말하는 습관과 내면이 하나님의 말씀으로 채워져 좋은 인격에서 나오는 말을 할 수 있는 성도는 하나님께 올바른 기도를 드리는 것과 같다. 왜냐하면 우리의 말이 기도이기 때문이다. 예수님은 제자들이 복음을 힘껏 전하다가 관원들에게 끌려가 조사를 받게 되면 무슨 말을 할까 미리 염려하지 말라고 하셨다. 그리고 무엇이든지 그때에 그들에게 주시는 그 말을 하라고 말씀하셨다. 왜냐하면 말하는 이는 우리가 아니요 성령이시기 때문이다(막 13:11).

초대교회 대 부흥의 시작과 교회의 태동을 알렸던 마가 다락방의 오순절 성령강림 사건을 우리는 잘 알고 있다. 그 부흥의 시작점은 아버지께서 약속한 것을 기다리는 제자들에게 성령이 세찬 바람과 불로 120문도에게 임했기 때문이다. 이어서 성령의 충만함을 받은 자들에 성령이 말하게 하심을 따라 다른 언어들로 말하기를 시작했다. 마찬가지로 성령님은 여전히 우리의 생각과 입술을 열어서 성령님이 말하게 하심을 따라 우리가 기도하기를 원하신다. 그러므로 우리의 말은 기도이다.

고대 히브리어로 '말하다'라는 의미의 동사가 있다. '아마르'(amar)다. 아마르라는 동사의 원래 의미는 '보이지 않던 것을 보이게 하다'라는 의미다. 또 하나의 의미는 사람이 하나님께 말하는 것인데, 그것을 기도라고 한다. 유대인들은 자신이 말한 것을 지키지 않는 사람을 거짓말쟁이라고 부른다. 서양에서 위증이 가장 중한 범죄 중의 하나인 이유다. 수련은 자신의 고귀한 생각을 행동으로 옮기려는 노력이다. '말'은 '행동'으로 옮겨질 때 완성된다. 그러나 '말'이 말에 그쳐 행동으로 구체화하지 못하면 '거짓'이 된다.

말은 우리의 인격이며 우리의 현실이며 미래이다. 동서고금을 막론하고 말은 품성을 규정짓는 중요한 척도로 인정되어왔다. 성경에서도 말의 중요성을 매우 강조하고 있다. 왜냐하면 우리가 하는 말을 하나님이 다 듣고 계시기 때문이라는 것이다. "너희는 살려면 선을 구하고 악을 구하지 말지어다 만군의 하나님 여호와께서 너희의 말과 같이 너희와 함께하시리라(암 5:14)."

그래서 다윗은 자신의 말과 마음으로 묵상하는 모든 것이 하나님께 상달되고 있음을 일찍이 깨닫고 실행하고 있었다. "나의 반석이시요 나의 구속자이신 여호와여 내 입의 말과 마음의 묵상이 주님 앞에 열납되기를 원하나이다(시 19:14)." 나는 가끔 이런 분들을 본다. 새벽기도는 잘 드리고 중보기도 모임에도 참석하여 열심히 기도하면서 여전히 말이 부정적이고 비판적이며 말이 가벼운 분들을 본다. 만약 이러한 이중적인 삶을 계속 살아간다면 그의 기도는 무의미하다. 왜냐하면 아무리 기도를 3시간 했어도 그 다음 생활 속에서 은혜를 말로 다 쏟아버리기 때문이다.

야고보서 기자는 말의 중요성을 이렇게 표현했다. "한 입에서 찬송과 저주가 나오는도다 이것이 마땅하지 아니하니라(약 3:10)." 한 입에서 기도가 나오고 찬양이 흘러나오면서 그 입으로 저주나 원망이 나온다면, 그 기도는 무의미하다. 한 번 주위 분들을 살펴보라. 기도 많이 하고 봉사 많이 하면서 말이 거친 분들을 보라. 성령님은 이렇게 해서는 안 된다고 주의를 주고 있다. 하나님은 막말을 자주하거나 원망을 습관으로 달고 살거나 욕을 자연스럽게 사용하는 목회자나 성도들에게 말이 기도라는 것을 생각해보게 하신다. 하나님은 말에 죽고 사는 것이 있다고 하셨다(잠 18:21). 그래서 말을 잘 사용하는 자는 그 말로 좋은 열매를 거둔다.

불안이나 우울증 치료에 활용되는 NLP 기법이 있다. 웬만한 약으로 해결 안 되는 만성질환자들이 이 기법으로 좋아지는 경우가 상당히 많다고 한다. 말의 힘을 최대로 활용해 사람의 몸과 마음에 변화를 일으키는 NLP 기법(Neuro-Linguistic Programming)은 '신경언어 프로그래밍'이라고 한다. 한마디로 사람의 마음을 자유롭게 하고 보다 나은 인생을 누리게 하기 위해 심리학과 언어학을 바탕으로 만든 실천적 마음 관리학이라 할 수 있다.

이 기법에 따르면 종이에 쓰인 글자는 7% 정도의 힘밖에 없다고 한다. 이것을 소리로 나타내면 38%, 어떠한 감정과 느낌으로 시인하면 55%의 힘이 추가로 생겨 비로소 100% 파워(power)의 말씀이 된다. 이처럼 말은 우리의 환경과 운명을 변화시키는 놀라운 능력을 가지고 있는 것이다. '말의 힘'은 이미 성경에도 기록되어 있다. "태초에 말씀이 계시니라 이 말씀이 하나님과 함께 계셨으니 이 말씀은 곧 하나님이시니라(요 1:1)." 세상의 처음에 가장 먼저 있었던 것은 '말씀'이다. 하늘과 땅 그리고 세상에 있는 모든 것은 모두 하나님의 말씀으로 창조되었다. "하나님이 이르시되 빛이 있으라 하시니 빛이 있었고(창 1:3)." 이처럼 말씀은 태초의 근원이며 세상 만물의 뿌리인 것이다.

『물은 답을 알고 있다』의 저자 에모토 마사루의 실험에 의하면, 사랑과 감사의 말을 들려준 물에서는 완전하게 아름다운 육각형 결정이 나타난다고 한다. 우리 몸을 구성하는 약 60조 개의 세포도 우리가 말하는 말 한마디 한마디를 듣고 있다. 인체의 60%가 물인데, 물은 말에 따라서 변화되므로 건강도 말에 따라서 변화될 수 있는 것이다. "선한 말은 꿀송이 같아서 마음에 달고 뼈에 양약이 되느니라(잠 16:24)."

나는 말이 기도임을 생활 속에서 실감한다. 나는 여러 번 내가 하는 말들을 통해 어둠의 영이 틈을 타는 것을 자주 경험했다. 비판적이고 시기하는 말을 하고 있는 그 순간에 영적인 어둠이 내 마음에 접촉되는 것을 느꼈다. 그 가운데 성령님은 경고등을 울리면서 비판이나 험담을 멈추길 원하셨다. 이미 말씀이 주장하는 사실을 영적으로 다시 한 번 확인하는 사례들이다. 하나님께서 나에게 주신 영들 분별 은사는 여러 가지 영적인 것들을 감지하는 역할을 하게 했다. 이 은사는 구별, 가려냄, 심판 등의 의미를 지닌다. 따라서 영 분별의 은사는 어떤 현상이 하나님의 영으로부터 온 것인지, 아니면 귀신으로부터 온 것인지를 분별하는 능력을 가리킨다. 초대교회와 같이 교회의 태동기에는 교회의 순결성을 유지하기 위해서 영 분별의 은사가 절대적으로 필요했다.

다시 한 번 강조하지만, 하나님은 우리의 말을 다 들으신다. 광야에서 믿음의 보고서를 쓴 여호수아와 갈렙의 말과 같이 일하신 것처럼, 우리의 믿음의 말과 함께 일하신다. 우리는 하루에도 수많은 말과 이야기를 쏟아내고 주고받는다. 이 말들이 기도이며 신자의 신앙수준이며 이 말이 나의 미래라는 것을 잊지 말아야 한다. 선한 말과 믿음의 말, 칭찬과 살리고 위로하는 말을 기도라고 생각하고, 하나님이 우리가 한 말대로 행하신다는 것을 명심하자. "입에서 나오는 것들은 마음에서 나오나니 이것이야말로 사람을 더럽게 하느니라 마음에서 나오는 것은 악한 생각과 살인과 간음과 음란과 도둑질과 거짓 증언과 비방이니(마 15:18-19)."

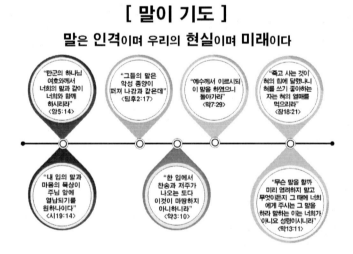

[말이 기도]
말은 인격이며 우리의 현실이며 미래이다

기도는 성령 게이트다

사진작가와 화가가 사진을 찍을 때나 그림을 그릴 때 가장 중점을 두는 하나는 구도를 잘 잡는 것이다. 구도만 잘 잡아도 50%는 좋은 그림과 좋은 사진을 찍을 수 있다. 마찬가지로 성도들은 신앙의 구도를 잘 잡아야 한다. 모두가 같은 성경을 보고 함께 예배를 드려도, 영적인 구도를 바르게 잡지 않으면 제자와 같은 성도는 배출되기 힘들다. 영적인 구도를 잘 잡는 법은 여러 가지가 있지만, 그 중 몇 가지만 살펴보고자 한다.

첫째, 보이는 세계와 보이지 않는 세계가 다 하나님께 속해 있다는 사실을 믿는 것이다.

이 세상은 보이는 세계와 보이지 않는 세계로 나뉘는데, 이 두 세계는 다 하나님께 속해 있다는 사실을 바라보는 영적인 눈을 가져야 한다.

"세계가 다 내게 속하였나니 너희가 내 말을 잘 듣고 내 언약을 지키면 너희는 모든 민족 중에서 내 소유가 되겠고(출 19:5)." 우리는 하나님의 세계 경영을 크고 바르게 보는 눈을 가져야 한다. 세계와 인생을 향한 모든 통치권은 하나님이 가지고 계신다. 우리의 목숨까지도 하나님의 허락 없이는 그 누구도 손댈 수 없다. 이와 같은 영적인 구도를 가진 자들의 특징은 모든 사건들 속에 하나님이 매일 개입하시고 각 개인에게 함께하심에 대한 사인을 보내고 있다는 사실을 믿고 인정하게 된다. 그러므로 하나님께 더 민감하고 예민하게 다가가는 신앙을 고수하게 된다.

둘째는 영적인 치열한 싸움의 구도이다. 사탄은 스스로 하나님과 같이 되려는 거대한 음모를 꾸미다가 하나님께 발각되어, 하나님이 계시는 보좌에서 그의 타락한 천사들과 함께 추방되었다. 그리고 사탄은 세상 한복판에서 자신의 왕국을 세우고 잠시 왕 노릇하고 있다. 그의 수하들은 만국으로 활동 무대를 넓혀 하나님을 대적하는 우상숭배 행위를 자행하며 부추기고 있다. 그 가운데 수많은 사람들이 마귀에게 속아서 하나님을 경배하지 못하고 있다. 이와 같은 상황에서 하나님의 자녀들은 혈과 육의 싸움이 아닌, 하늘의 악한 영들과의 전투를 매일 벌이고 있다. 하나님은 여전히 우리에게 이 싸움은 하나님께 속했다고 말씀하시면서, 우리에게 전신갑주를 입고 하나님의 말씀을 의지하여 힘껏 싸우라고 명령하신다. 이 영적 싸움의 구도를 잘 인식하고 있는 성도는 하나님의 말씀과 기도로 마귀의 공격을 차단하고 거룩한 삶을 적극적으로 추구한다.

셋째는 성령님과 함께 무시로 기도하는 삶의 구도이다.

쉬지 않고 기도하라는 주님의 말씀은 성령님과 함께할 때 실천할 수 있다. 성령님과 더불어 먹고 마시며 그분과 매우 친밀한 관계를 유지하며, 순간순간 또는 여전히 우리는 기도할 수 있다. 사도바울은 이러한 기도에 익숙해 있었고, 성령 안에서 그의 사명을 다하는 시간까지 기도의 끈을 놓치지 않았다. 쉼 없는 중보기도와 쉼 없는 하나님에 대한 사랑의 고백을 성령님과 24시간 그리고 평생 이어온 것이다. 이 세 가지 영적 구도 중에 특별히 성령님과 함께 무시로 기도하는 삶의 구도에 대해 더 자세히 나누고자 한다. 왜냐하면 성령님과 깊이 있는 기도를 이어나갈 때 성령 게이트가 열리기 때문이다. "온갖 좋은 은사와 온전한 선물이 다 위로부터 빛들의 아버지께로부터 내려오나니(약 1:17)."

많은 신앙인들 중에는 우리가 기도하면 하나님이 신속히 응답하시는가? 또한 기도 할 때마다 우리의 기도를 들으시고 우리에게 새 힘을 주어 우리를 강하게 하시는가? 하는 질문과 의문을 동시에 안고 산다. 나는 다윗이 지은 시편 138편 말씀을 근거로 하여 하나님은 여전히 진실하게 간구하는 자들에게 지금도 신속히 응답하시고 새 힘을 주시며 강하게 하신다고 말할 수 있다. "내가 간구하는 날에 주께서 응답하시고 내 영혼에 힘을 주어 나를 강하게 하셨나이다." 하나님은 기도하는 자들을 지금도 찾으신다. 간구는 아무나 하는 것이 아니다. 하나님의 선하신 손과 강한 편 팔의 능력을 믿는 자들이 하는 것이다. 하나님은 지금도 기도하는 한 사람을 통해 하늘 문을 여신다. 성령 게이트는 기도하지 않으면 그대로 닫혀 있고, 기도할 때만 열리는 문이다. 초대교회의 모태가 되었던 마가 다락방엔 120명의 기도의 사람들이 약속하신 성령님을 기다리며 오직 기도에 전념했다.

세찬 바람처럼 마가 다락방에 임하신 성령님은 그들에게 성령의 충만함을 선물하셨고, 이어서 성령의 말하게 하심을 따라 성령이 주시는 능력을 힘입어 외국어를 구사하게 되었다. 야고보서 기자는 야고보서 1장 17절에서 온갖 좋은 은사와 온전한 선물이 다 위로부터 빛들의 아버지께로부터 내려온다고 했다.

그렇다! 아버지와 성령님은 좋은 것을 우리에게 주시는 분이다. 그분이 주시는 선물들은 각양각색이다. "은사는 여러 가지나 성령은 같고(고전 12:4)." 성령님은 모든 지체들에게 다양한 은사들을 선물하신다. 그 은사들은 각각 다르지만, 그 은사를 주신 분은 성령님 한 분이시다.

그러므로 은사를 사모하되 다른 사람이 가진 은사를 부러워하거나 시기할 필요가 전혀 없는 것이다. 왜냐하면 성령님은 모두에게 고유한 은사를 부어주셨기 때문이다. 그리고 그 은사를 주신 목적 또한 공동의 이익을 위한 것이다. 나 자신의 유익과 나 자신을 높이기 위한 선물이 아니라는 것을 반드시 기억해야 한다.

"각 사람에게 성령을 나타내심은 유익하게 하려 하심이라(고전 12:7)."

신자 모두에게 주시는 은혜라는 보편적인 선물이 있는가 하면, 특별히 성령님을 사랑하고 의지하며 그의 능력을 간절히 구하는 자들에게 특별히 주시는 선물도 있다. 언제나 하늘의 자원과 하늘의 문은 기도하는 자들을 위해 열려 있다. 그 열린 문으로 하늘의 자원은 지금도 여전히 부어지고 있다는 사실을 기억해야 한다. 그러므로 성령님이 주시는 특별한 은혜를 경험하고 싶다면, 성령님과 친밀하게 대화하라. 그리고 성령님이 말씀을 통해서 약속하신 것들을 믿음으로 구하라. 여전히 성령님은 성령 게이트를 여시고 가장 아름다운 하늘의 자원을 부어주실 것이다.

"너희가 악할지라도 좋은 것을 자식에게 줄 줄 알거든 하물며 너희 하늘 아버지께서 구하는 자에게 성령을 주시지 않겠느냐 하시니라(눅 11:13)." 시편 138편 3절은 성령 게이트가 열리는 동기와 그 열린 문으로 부어지는 하나님의 능력의 공급이 무엇인지를 잘 표현하고 있다.

"그가 내게 간구하리니 내가 그에게 응답하리라 그들이 환난 당할 때에 내가 그와 함께하여 그를 건지고 영화롭게 하리라(시 91:15)." 하늘의 자원이 성령님을 통해 부어지는 동기는 하나님을 신뢰하고 그분의 능력을 여전히 기다리며 부르짖는 자에게 있다. 하나님은 스스로 값없이 은혜와 응답을 베푸실 때도 많지만, 하나님을 의지하고 하나님의 도움을 구하는 자들에게 먼저 찾아오시는 경우가 많다. 그러므로 신자는 기도하는 날이 언제나 지속되어야 한다.

그렇다면 간구하는 날에 주님은 어떤 응답으로 성령 게이트를 여시는가?

첫째, 우리 영혼에 힘을 한껏 북돋아주신다는 사실이다.

이 시대는 피로사회와 경쟁사회 그리고 결과 중심적 사회이다. 이 같은 시대에 성도들은 많은 피로감을 느끼며 산다. 그로 인한 스트레스는 여러 가지 질병을 만들어내기도 한다. 그러나 성령님은 관망하지 않고, 기도하지 않는 자들에게 기도를 촉구하고, 간절한 마음으로 환난날의 탈출구를 찾아 부르짖는 자들에게는 신속한 응급조치를 시행하신다. 그 응급조치는 새 힘을 주시는 것이다. 그 새 힘은 세상을 이길 힘인 것이다. "항상 우리를 그리스도 안에서 이기게 하시고 우리로 말미암아 각처에서 그리스도를 아는 냄새를 나타내시는 하나님께 감사하노라(고후 2:14)."

둘째, 우리를 강하게 하신다. 많은 사람들은 자신이 스스로 강해지기 위해 많은 노력을 기울인다. 마음을 강하게 하는 법과 세상에서 강자가 되는 법을 배워 약함과 무능함에서 탈피하려고 부단히 노력한다. 그러나 그렇게 쉽게 사람은 강해지지 않는다. 특별히 여러 가지 환난을 만난 상황에서 담대함으로 나아가기는 더욱 어렵다.

그러나 성령님이 부어주시는 생기와 하늘의 고귀한 자원을 받게 되면 우리는 사자같이 담대해진다. 예수님은 삶이 기도가 되고 기도가 삶이 된 분이시다. 예수님이 기도할 때 나타난 많은 기적과 이적들이 성경에 기록되어 있다. 그 중에 하나는 예수님이 기도하실 때 하늘이 열리며 성령이 비둘기 같은 형체로 그의 위에 강림하셨다(눅 3:21). 또 하나는 변화산에서 기도하실 때 용모가 변화되고 옷이 희어져 광채가 났다(눅 9:29). 누가는 이 두 가지 사건을 예수님이 기도하실 때 일어난 사건임을 강조하고 있다.

성령님은 지금도 여전히 기도하는 한 사람을 찾으신다. 솔로몬은 7년에 걸쳐 하나님이 다윗에게 영감으로 주신 설계도 양식을 따라 성전을 아름답게 건축하고, 성전 낙성식에서 모든 이스라엘 백성들과 마주했다. 그는 놋으로 만든 대에 선 후 즉시 무릎을 꿇고 하나님을 향하여 손을 펴고 기도를 시작했다. 솔로몬의 간절한 기도와 간구가 마쳐지매 불이 하늘에서부터 내려와서 번제물과 제물들을 사르고 여호와의 영광이 그 성전에 충만했다(대하 7:1). 마찬가지로 하나님의 심장을 울리는 온 마음과 온 정성으로 드리는 기도가 끝나면, 하나님의 임재와 영광은 기도자와 예배하는 장소에 임한다는 사실이다. 여전히 이러한 하나님의 임재가 지금도 지속되고 있음을 기억해야 한다.

새 힘을 얻고 강하게 되는 소망은 성도가 동일하게 바라는 목표이다. 생기 있고 자신감 넘치게 믿음으로 살아가는 것 또한 성도의 소망이다. 이러한 축복을 누리기 위해서 우리는 성령 게이트의 문이 열리도록 솔로몬처럼 힘써 간절히 기도해야 한다.

2.
강철 같은 기도로 승리하라

시민단체 사교육걱정없는세상이 전국 초6·중3·고3 학생 7700
여 명을 상대로 한 설문조사에선 수포자 비율이 초6 36.5%, 중3
46.2%, 고3 59.7%로 나왔다. 아이들을 교실에서 잠자게 하는 수학
교육의 민낯이다. 기본 개념과 원리를 단계별로 이해하지 못해서
진도를 따라갈 수 없게 된 것이다. 이와 같이 신앙인들 중에도 기
포자(기도를 포기한 신앙인)들이 속출하고 있다. 쉬지 말고 기도하는
삶은 이미 포기한 상태이며 강철 같은 기도는 낯선 단어에 불구하
다. 성경은 말씀과 기도로 신자가 거룩하게 될 수 있다고 했다. 말
씀과 기도의 두 날개로 함께 날아야 하는데, 기도의 날개가 힘을
잃어간다. 이 같은 때에 우리는 강철 같은 강력한 기도의 삶으로
회귀해야 한다. 주님을 믿고 따르는 자들에게 주신 믿음을 실은
강력한 선포기도가 일상이 되어 능력 있게 자주 사용되어야 한다.

강철 같은 기도는 생명력 있는 믿음과 성령의 능력을 동반한 기
도이다. 예수님이 하나님을 신뢰하고 하셨던 기도이며, 엘리야의
불의 기도이다. 또한 사도 베드로와 바울의 금과 은으로 하지 않

고 나사렛 예수의 이름으로 선포하는 믿음을 동반한 강력한 기도이다. 기도하는 자는 태산이 흔들려도 요동치 않는다. 왜냐하면 기도는 자신을 돌아봐 회개하는 것이요, 하나님의 뜻을 구하는 것이요, 살아계신 주님과 동행하는 것이기에, 인생의 어떤 풍파에도 흔들림 없이 견고할 수 있기 때문이다. 지금 무언가에 흔들린다면 먼저 기도하길 바란다. 17세기 영국의 성직자이자 시인인 조지 허버트는 "기도를 배울 사람은 바다로 가라."고 했다. 성난 파도가 몰아치는 폭풍 속에서 진정한 기도를 배울 수 있다는 것이다. 폭풍은 고난 속에서 항해하는 인생들에게 하나님의 주권을 보여주시는 방법이다.

[굴뚝 기도 시스템 원리]

1. 성령 Gate
2. 영적 정신무장
3. 영적 수액
4. 환난 날에 탈출구

기도
תְּפִלָּה

기도는 환난날의 탈출구이다

이스라엘 백성이 출애굽 이후 첫 번째 맞이한 전쟁은 아말렉과의 전쟁이다. 르비딤에서 아말렉이 이스라엘의 길을 막고 공격하여 전투가 벌어졌다. 모세는 여호수아에게 아말렉과 맞서 싸우라고 명하고, 자신은 산꼭대기에 올라가서 지팡이를 잡고 손을 들고 기도하기 시작했다. 이때 모세가 손을 들면 이스라엘이 이기고, 손을 내리면 아말렉이 이기는 기도 승리의 진풍경이 일어났다. 이 상황을 직접 목격한 모세와 아론 그리고 훌은 순간적으로 이스라엘의 첫 전쟁이 기도 전쟁이었다는 사실을 인지할 수 있었다. 그래서 아론과 훌은 모세의 양손을 견고하게 붙잡아 이스라엘이 아말렉을 넉넉히 이길 수 있는 기도 사역에 열심히 동참했던 것이다. 하나님께서는 이 승리의 모든 과정을 책에 기록하여 기념하라고 하셨다. 마찬가지로 우리는 이 전쟁의 승리 과정을 자세히 연구하고 승리의 방정식을 따라 환난날에 탈출구를 찾아야 한다.

이어 모세는 즉시 단을 쌓고 그 이름을 여호와 닛시라 불렀다. 전에 이스라엘이 홍해를 건널 때에는 하나님께서 전적으로 애굽 군대를 물리치셨다. 그러나 이번 전쟁에서는 이스라엘 백성들이 현장에서 싸우고, 하나님께서 그 싸움을 도우시는 형식으로 이 전쟁을 이끄셨다. 이 싸움의 승리 근거는 전장에서 전투에 총력을 기울인 여호수아에게 있었던 것이 아니라, 기도하는 모세와 그 기도를 돕는 조력자 아론과 훌에게 있었다. 비록 여호수아가 전투를 하고 있기는 하지만, 실상 이 싸움은 아말렉과 하나님과의 전쟁이었다. 그러므로 모세가 기도하는 한 여호수아가 아니라 누가 전쟁에 나가더라도 그 전쟁은 이미 이긴 전쟁이 된다.

마찬가지로 현대사회를 사는 우리에게도 매일 영적 전쟁은 일어나고 있다. 이 전쟁의 치열함은 이루 말할 수 없을 정도다. 그러나 전쟁의 승리의 방정식은 이미 완성되어 있다. 우리가 영적인 전쟁 가운데 하나님을 향해 기도로 나아가면, 하나님이 전쟁에 직접 개입하셔서 승리의 기쁨을 안겨주신다. 하나님은 여전히 믿음을 매개로 하는 기도를 통해 환난날에 탈출구를 열어주신다.

2019년도 내가 섬기는 행복한교회 2월의 말씀은 시편 50:15절이었다. "환난날에 나를 부르라 내가 너를 건지리니 네가 나를 영화롭게 하리로다." 이 귀한 말씀을 암송한 성도들은 기도할 때마다 이 말씀을 붙들고 의지하여 기도했다. 대부분의 성도들이 이 말씀을 붙잡고 기도할 때 큰 힘을 얻을 수 있었던 것은 첫째로, 그만큼 성도들의 하루하루의 삶이 녹록치 않다는 것을 보여준다. 헤쳐나가야 할 일들도, 견디고 버티며 참고 인내해야 할 일들도 많다는 것을 시사한다. 둘째는 하나님이 환난을 당할 때 자녀들을 환난에서 건지시고 도와주신다는 약속의 말씀에 큰 힘을 얻을 수 있었기 때문이다. 하나님은 우리가 살고 있는 시대적 상황과 우리가 힘겨워하고 있는 삶을 너무도 잘 알고 계신다. 마치 이스라엘 백성들이 애굽에서 종살이하며 받았던 차별과 심한 노동으로 인한 고통을 아시는 것처럼 말이다.

찬송가 '나 같은 죄인 살리신'의 찬송 시로 유명한 존 뉴턴이 쓴 편지 내용이다. "고난은 우리를 자극하여 기도하게 만듭니다. 불행히도 우리는 고난을 받아야 기도하는 버릇이 있습니다. 아무런 고통스러운 변화도 없이 오랫동안 편안하고 풍요로운 시간이 계속된다면, 우리는 차갑고 형식적인 태도로 하나님을 바라보게 됩니다. 그러나 고난은 우리의 영혼을 일깨워주며, 우리를 긴장시켜 열심히 주님을 찾게 합니다. 왜냐하면 그때는 주님밖에 의지할 곳이 없기 때문입니다." 편지는 고난으로 힘들어하는 어떤 부인에게 전해져 알려지게 되었다. 깊은 기도는 고난을 통해서 나온다.

특별히 시편 107편은 광야 사막길에서 탈출구를 찾지 못하여 방황하고 주리고 목마르며 영혼까지 피곤하여 한 걸음도 걸을 수 없는 막다른 상황에 몰려 있을 때 나온 것이다. 그런 그들이 찾은 탈출구는 부르짖음이었다. 기도는 간절해야 한다. 특별히 고난과 근심 중에 갇혀 있는 상태에서는 무조건 간절해야 한다. 그래서 나는 부르짖는 기도를 모두 간절한 기도로 표현한다. 간절함이 없이 목소리만 크다고 부르짖는 기도가 아니기 때문이다. 시편 107편은 근심과 환난 그리고 고통을 만난 하나님의 자녀들이 그 위기를 신속히 탈출한 내용들을 기록하고 있다. 숨도 못 쉴 것같이 어렵고 어두운 상황을 맞이한 하나님의 자녀들이 어떻게 급한 불을 끄고 회복되어 새 일을 행할 수 있었는지를 자세히 묘사하고 있다. 6절을 보면 "이에 그들이 근심 중에 여호와께 부르짖으매", 13절 "이에 그들이 그 환난 중에 여호와께 부르짖으매", 19절 "이에 그들이 그들의 고통 때문에 여호와께 부르짖으매", 28절에도 "이에 그들이 그들의 고통 때문에 여호와께 부르짖으매". 이렇게 근심과 환란의 고통 중에 그들은 필사적으로 부르짖었다.

신실한 그리스도인이었던 음악가 하이든은 저명한 예술가들의 모임에서 '경제적인 어려움이나 음악적인 한계에 부딪혔을 때 어떻게 극복하느냐'는 질문에 이렇게 답했다고 한다.

"나는 집에서 작은 골방을 기도실로 정했습니다. 일에 지쳤을 때나 고민이 시작되면 나는 그 방으로 들어갑니다. 그리고 그 방에서 나올 때 작은 빛을 발견하고 나옵니다."

하이든에게는 골방이 겟세마네 동산이었던 것이다. 우리도 성을 지키는 파수꾼의 심정으로 이 나라와 섬기는 교회, 가정과 인생을 위하여 골방에서 기도하며 환난날의 탈출구를 찾아야 한다. 지구촌에는 기쁨과 감격, 근심과 눈물이 공존한다. 우리 인생에 기쁨과 감격이 계속되면 좋겠는데, 때로는 근심과 눈물이 찾아올 때도 있다.

근심의 뜻은 '마음을 나눈다'이다. 근심은 마음을 반으로 쪼개어 안정성과 이해력과 판단 기능을 방해한다. 그러므로 하나님은 근심이 있을 때 기도하라고 명령하신다. 근심 중에도 기도하면 하나님은 고통에서 건지시고, 사망의 줄을 끊으시고, 말씀을 보내어 근심하는 마음을 고치시고, 인생에 불어닥치는 광풍과 물결을 잔잔하게 하시며, 그들이 바라는 항구로 인도하신다. "그들이 평온함으로 말미암아 기뻐하는 중에 여호와께서 그들이 바라는 항구로 인도하시는도다(시 107:30)." 그들이 바라는 항구는 바벨론 포로생활에서 벗어나서 꿈에 그리던 기업의 땅으로 다시금 인도받는 것을 뜻하고 있다.

혹시 여러분 가운데 어렵고 힘든 일로 인하여 여전히 하루 종일 근심하고 있다면, 즉시 여호와 하나님께 무릎을 꿇고, 두 손을 들고 근심의 내용을 모두 아뢰며 부르짖기 바란다. 우리가 하나님의 도우심과 살아계심을 믿는다면 근심 중에도 기도해야 한다. 우리가 기도를 시작할 때 하나님이 일하시고, 그 일하심의 결과인 은혜의 손길을 경험하게 될 것이다. 기도는 근심을 이기고 극복하게 한다. 그러므로 근심에 눌려 쓰러지지 말고, 근심이 쌓일 때 반대로 기도를 쌓아야 한다.

결국 '부르짖으매'라는 말은 '집중적으로, 계속하여, 간절하게 기도하라'는 하나님의 명령이다. 그리하여 여호와의 인자하심과 인생에 행하신 기적으로 말미암아 주님을 찬송하는 현장이 되기를 축복한다.

기도는 생명을 살리는 수액이다

2015년 봄은 경기 지역에 지독한 가뭄이 들어 논과 밭이 말라갔다. 특별히 강화도 지역에는 모내기를 하지 못할 정도로 가뭄이 심했다. 그 당시 내가 살고 있던 빌라 작은 공터에 할머니 한 분이 토란을 심었는데, 가뭄이 심해서 더 이상 자라지 못하고 노랗게 말라가고 있었다. 할머니는 토란에 수돗물을 매일 부어주었지만 토란은 점점 더 긴 가뭄에 시들어가고 있었다. 그러던 어느 날 긴 가뭄을 끝내는 비가 하루 종일 내렸다. 비가 그친 다음날 아침 나는 놀라운 광경을 발견했다. 시들시들 말라가던 토란이 갑자기 키가 자라고 진녹색을 띠며 토란의 원래 모습대로 급성장한 것이다. 수돗물이 아닌 하늘에서 내린 비를 맞았을 때 식물과 곡식은 빠르게 성장할 수 있다는 것을 알게 되었다.

마찬가지로 나는 기도가 하늘에서 내리는 단비처럼 메마르고 답답한 신앙인들에게 놀라운 생명력을 회복하는 능력이 있다고 믿는다. 나는 주위의 많은 신앙인들이 여름 가뭄의 마름같이 생기를 잃은 채 살아가는 모습을 자주 목격한다. 그들은 자주 이렇게 말한다. "기도하고 싶은데 기도가 잘 안 돼요. 기도하는 삶을 추구하고 싶은데 노력에 비해 기도의 맥이 잘 잡히질 않아요." 그렇다 기도생활이 우리가 생각하고 원하는 만큼 잘되지 않는 건 사실이다 여러 가지 이유가 없진 않지만, 그렇다고 변명만 늘어놓거나 상황 탓만 할 수 없지 않은가. 나는 이 책을 읽는 독자들에게 자신 있게 말할 수 있다. 어떠한 어려운 상황에 놓여 있을지라도 즉시 기도하라. 하나님은 즉시 여러분에게 생기를 불어넣어주실 것이다. 기도하는 즉시 어둠의 그늘도 사라질 것이다.

이러한 기도 패턴을 꾸준히 이어간다면, 여러분은 강철 같은 기도의 사람이 될 것이다. 또한 하나님을 앙망하는 자에게 주시는 독수리 날개 치며 오르는 새 힘을 얻게 될 것이다. 기도는 생명의 수액과 같다. 지치고 피곤한 인생들을 순식간에 일으키고, 마음의 불안과 공포를 순식간에 평화 모드로 전환해주는 능력이 있다. 말세를 만나 깨어 근신해야 할 때에 기도의 부재가 더 이상 신자들에게 장기화되지 않기를 바란다. 바로 지금 즉시 성령님과 함께 기도를 시작하라. 하나님이 주시는 새 힘을 경험하게 될 것이다.

나는 매주 토요일 청년 리더들과 소그룹 모임을 갖는다. 서로 한주간의 삶을 먼저 나누고, 이어서 하나님이 한 주 동안 선물로 주신 승리의 전리품을 나눈다. 이어 성경공부를 마치고 기도시간을 5분에서 10분 정도 갖는다. 좁은 공간에서 주님의 넓은 마음으로 기도 제목을 나누고 함께 부르짖는다. 이 짧은 시간은 사막에서 오아시스를 만나는 시간과 같다. 기도하는 이 시간은 마치 여름 가뭄에 식물들이 단비를 맞고 힘 있게 성장하는 것처럼, 또는 목마른 영혼이 타는 듯한 목마름 가운데 생수를 마신 것처럼 영혼의 새 힘을 얻는다. 짧은 순간 기도이지만, 그 가운데 임하시는 성령님의 생기가 영혼을 새롭게 한다. 이 같은 은혜를 청년 리더들이 성령 안에서 맛보아 알기에 항상 이 자리를 사모하고 자원하여 지키려 한다.

요즘 현대사회를 피로사회와 탈진사회라고 불러도 과언은 아닐 것이다. 치열한 경쟁과 많은 업무, 정신적 스트레스까지 겹쳐서 모두 지쳐가고 있는 시대이다. 육신의 건강과 강건함을 위해서는 건강 보조식품을 먹거나 운동시간을 늘리는 방법이 있다. 그렇다면 영혼의 건강을 위해서는 무엇을 해야 하는가?

정답은 바로 주 여호와를 앙망하는 자가 되어야 한다는 것이다. 주 여호와를 앙망하는 자에게는 특별한 혜택이 있다. 내가 섬기는 행복한교회는 해마다 일일 전교인 하계수련회를 강화도 신덕 기도원에서 개최한다. 아침부터 저녁까지 주일 하루를 온전히 하나님께 예배하고 성도들 간의 친밀한 교제의 시간을 갖는다. 그 가운데 특별한 프로그램이 하나 있다. 바로 성령대망회이다. 성령님을 모셔드리고 환영하며 성령님의 거룩한 터치를 사모하는 기도의 합주회가 열리는 시간이다. 나는 이 귀한 시간에 성도들과 어떤 기도를 하나님께 올려드려야 할까 고민하면서 성령님께 여쭈었다. 성령님은 이번 기도회를 통해서 여러 가지 은혜를 부어주실 예정이셨다. 그 중에 가장 핵심적인 은혜는 성령님이 주시는 새 힘이었다. 그 새 힘을 얻기 위해서 합심하여 기도하라고 나에게 힌트를 주었다. 나는 이 부분에 확신을 갖고 행복한 성도님들과 한 마음 한 뜻으로 "위로부터 부어지는 새 힘을 얻기 위해 기도합시다."라고 외쳤다.

그렇게 기도는 시작되었다. 나는 이어서 부르짖고 간구하는 성도님들에게 안수기도를 했다. 그 가운데 성령님은 그곳에 운행하시며 지쳐 있던 영혼들에게 새 힘을 물 붓듯 부어주셨다. 물론 여전히 간절함이 부족한 성도님들도 있었지만, 대부분의 성도님들은 더욱 간절히 주 여호와를 앙망하며 주린 영혼으로 사모하는 심령으로 하나님께 기도했다. 성령님은 그리 길지 않은 기도 시간인데도 각 사람의 심령을 만져주셨다. 기도라는 통로와 기도라는 매개를 통해 하나님은 우리에게 새 힘을 공급하신다.

다윗이 10년이 넘는 도망자 신세 가운데서도 지치지 않고 더 견고한 신앙을 유지할 수 있었던 비밀은 무엇일까?

첫째, 그는 혹독한 연단의 과정 가운데서 쉬지 않고 하나님을 찾았다는 것이다. 환경이 더 어둡고 막막해져갈수록 다윗은 더 하나님을 간절히 찾았다. 고난의 긴 터널을 걸을 때 그는 하나님의 은혜의 옷자락을 더 강하게 붙든 것이다. 그런 간절함이 담긴 기도자의 부르짖음은 하나님의 신속한 응답과 도움을 경험하게 해주었다. 그래서 곤고한 자나 홀로 외로이 광야에 서 있는 자들이 시편을 읽을 때 받는 위로와 새 힘은 이루 말할 수 없을 정도로 강력하다. 다윗과 같이 초를 다투는 위기의 순간 가운데 다윗과 같이 시편의 기도를 읽고 부르짖는다면, 우리에게는 급반전의 성령 충만이 임하게 될 것이다.

가끔 나에게 기도 잘하는 방법을 가르쳐달라는 분들이 있다. 그 질문을 받으면 나는 즉시 시편을 꾸준히 읽으시면 된다고 권면한다. 시편에서 다윗은 하나님에 대한 자신의 순수한 마음을 담아수놓은 표현들을 기도로 승화시켰다. 그래서 시편을 많이 읽으면 우리의 마음도 순수해진다. 순수한 마음이 형성되면, 순간 우리는 답답한 마음의 옷을 벗을 수 있게 된다. 그래서 시편은 영적 수액이다. 순식간에 마음의 어려움과 답답함, 곤고함이 시편을 읽고 기도하는 가운데 사라진다. 그래서 나는 곤고한 자들과 어려움을 만나 고전하고 있는 성도들에게 영적 수액을 공급받도록 지도한다.

4세기에 법률가와 밀라노 주교로 활동한 서방교회 4대 교부 중의 한 사람인 암브로시우스는 시편에 대해 이렇게 소개하고 있다. "모든 심령을 연마하는 일종의 체육관이다. 야심만만한 기도 선수들을 훈련시킬 운동기구가 가득 들어찬 감정 단련실이다." 사실 시편 절반은 한겨울 분위기다. 밝고 따뜻한 봄 느낌을 주는 건 고작 삼분의 일 정도에 불과하다. 하나님과 지속적으로 교제하는 이들은 너나없이 겨울처럼 황량한 시기와 여름같이 밝고 즐거운 기간을 두루 거치게 마련이다.

둘째, 다윗의 지속성 있는 기도가 그에게 날마다 새 희망과 새 힘을 얻게 하는 매개체가 되었다. 가끔 성도들 가운데서 순간적인 뜨거움이나 순간적인 열심을 내는 분들을 자주 본다. 그 순간은 참 보기 좋고 그 열심에 박수를 치게 된다. 그러나 그 열정이 다윗과 바울처럼 지속적으로 이어지지 않을 때는 곧 신앙의 흔들림이 찾아온다. 건강을 위한 운동도 꾸준해야 효과를 보듯, 영적인 기도의 패턴도 연속성과 지속성을 갖추어야 신앙의 성숙과 성장의 열매를 거두게 된다. 다윗은 하루 종일 주께 기도하고 영원히 주의 이름을 송축하는 삶을 실천하며 살았다. "주여 내게 은혜를 베푸소서 내가 종일 주께 부르짖나이다(시 86:3)." "내가 날마다 주를 송축하며 영원히 주의 이름을 송축하리이다(시 145:2)." 기도의 지속성은 신앙의 성장과 성숙을 보장해주며, 영혼이 소성케 되는 능력을 공급해준다.

기도는 영적인 정신무장이다

실존주의 철학자 키르케고르(Kierkegaard)는 "기도란 호흡이다. 나는 왜 호흡하는가? 하지 않으면 죽기 때문이다."라고 했다. 또한 신학자 메튜헨리(Matthew Henrys)는 "기도는 신앙의 모유이다."라고 말했다. 그리스도인에게 있어서 기도의 단절은 곧 그 영혼이 죽은 것임을 표현한 말이다. 기도의 자리가 없다는 것은 하나님의 사랑과 은혜의 젖줄이 끊긴 것이나 마찬가지이기 때문이다.

오늘날 많은 그리스도인들이 그토록 오랫동안 교회의 문턱을 밟으면서도 여전히 구원의 감격과 영적인 만족을 누리지 못하는 이유가 무엇일까? 그것은 하나님과의 영적 교제의 부재와 빈곤에서 비롯된 것이다. 기도를 통해서 영이신 하나님과의 교제가 뒷받침되지 않는다면, 많은 신앙의 연수를 쌓아간다 할지라도 신앙의 허기와 갈증은 여전히 사라지지 않을 것이다.

에베소서 6장 14~17절까지는 우리가 익히 알고 있듯이 마귀의 세력과 싸우기 위한 신자의 무장을 설명하고 있다. 영적인 완전무장과 갑옷에 대해서 상세히 설명하고 있다. 그 무장은 악한 날에 마귀를 대적하여 싸워 이기기 위함이다. 이 무장은 용사의 육체적인 무장과 같다. 이 완벽한 전사의 무장을 하나하나 더 빛나게 할 수 있는 건 성령님 안에서 무시로 기도하는 것이다. 전신갑주의 각 부분은 기도를 통해서 덧입혀진다. 전신갑주가 육체의 옷이라면, 기도는 정신적인 옷이다. 모든 기도와 간구를 통해 전신갑주의 각 옷을 덧입고 강화시키는 것이다.

아무리 전신갑주로 잘 무장한다고 해도 기도가 병행되지 않으면 그 무장 자체가 전혀 의미가 없어진다는 사실을 깨달아야 한다. 그렇다. 모든 것이 옳게 작동되고 역사하는 것의 근원은 기도이다. 그래서 기도하는 자를 마귀는 무서워한다. 마귀는 성도라는 명암만 보고 두려워하는 것이 아니라, 기도로 무장된 모습을 보고 두려워하는 것이다. "이르시되 기도 외에 다른 것으로는 이런 종류가 나갈 수 없느니라 하시니라(막 9:29)." 요즘 많은 사람들이 정신적인 싸움에서 힘도 못 써보고 무너지는 경우를 본다. 그 후유증은 우울증과 공황장애 또는 조현병으로 이어진다. 삶의 충격과 아픔들을 이겨내지 못하고 고스란히 수용하기 때문이다.

정신력이 약화되어 있기에 마음도 약해질 수밖에 없다. 그러므로 우리는 외형적인 신앙의 옷에 관심을 쏟기보다 내면의 모습에 관심을 쏟아야 한다. 그 내면은 강철 같은 기도를 통해서 강해진다. 기도하기 전엔 두렵고 답답한 모습이 엄습해올지라도, 기도 후엔 근심 걱정 두려움에서 해방되는 자유를 맛보게 되는 것이다. 많은 사람들이 기도할 때는 어느 정도 담대해지고 자신감을 회복하지만 다시 그 문제 속으로 빠져들어가는 것을 보면서, 기도의 무용론을 주장하거나 기도를 일시적인 착시 현상으로 생각하는 경우도 있다. 그러나 잊지 말아야 할 것은, 그 두려움이 재발한다면 다시 기도해야 한다는 것이다. 예수님도 겟세마네 동산에서 십자가의 고난의 잔을 마시기 전에 엄습해온 두려움을 피눈물 나는 기도를 통해서 극복하셨다. 성군 다윗도 수많은 죽음의 위기와 자신의 죄가 적발되었을 때, 간절한 기도와 통회의 기도를 통해 이겨낸 사실이 있다. 기도는 항상 하는 것이며, 특별히 비상사태를 맞이할 때는 더 집중해서 하는 것이다.

저술가요 교육자인 고든 목사는 이렇게 말했다. "그대는 기도 후에 기도하는 일보다 더 큰일을 할 수 있다. 그러나 기도하기까지는 기도하는 일보다 더 큰일을 할 수는 없다." 그렇다. 기도가 선행되거나 기도로 말씀을 뒷받침해주지 않으면, 하나님은 그를 통해 일하지 않는다는 사실을 기억해야 한다. 그러므로 우리의 기도생활을 다시 한 번 점검하는 시간을 가져야 하겠다.

기도하라는 에베소서 6장 18절의 권면과 영적 원수를 대적하라는 에베소서 6장 14~17절의 권면 사이에는 뚜렷한 구별점이 없고 오히려 맥락이 같다. 모든 기도와 간구를 통해서 전신갑주가 더욱 효력을 발휘할 수 있음을 시사한다. 기도는 먼저 하나님을 구하고 그가 가지신 능력을 구하고 그분의 인자하심을 구하는 것이다. "여호와와 그의 능력을 구할지어다 그의 얼굴을 항상 구할지어다(시 105:4)."

기도는 영적인 정신무장이다. 정신무장의 필수 요소 중에 하나는 성령 안에서 기도하는 것이다. 기도는 성령님과 함께하는 것이고 성령님의 통제 안에서 시작하는 것이다. "이와 같이 성령도 우리의 연약함을 도우시나니 우리는 마땅히 기도할 바를 알지 못하나 오직 성령이 말할 수 없는 탄식으로 우리를 위하여 친히 간구하시느니라(롬 8:26)." 성령 안에서 성령으로 기도하는 삶은 가장 이상적인 기도이다.

그렇다면 성령 안에서 하는 기도는 어떤 기도일까?

첫째, 성령님의 인도를 따라 하는 기도이다. 성령님은 우리의 기도가 먼저 그의 나라와 그의 의를 구하는 기도가 되도록 지도하신다. 기도의 내용이 자기중심적으로 쏠리는 것을 이타적인 기도 형태로 전환시켜주신다. 또한 성령님은 우리 안에서 모든 것을 생각나게 하시고 모든 것을 가르치신다. 그 가르침과 생각나게 하심을 따라 우리는 자연스럽게 기도할 수 있다. 나는 항상 행복한교회 지체들을 생각하며 규칙적으로 기도한다. 나이 순서대로 연장자부터 기도해서 유아에 이르기까지 이름을 불러가며 기도한다. 또는 교회 자리에 앉는 순서를 생각해서 기도할 때도 있다. 그러나 가끔은 성령님의 인도를 따라 불규칙적으로 머릿속에 떠오르는 사람을 먼저 기도할 때도 있다. 그 사람은 지금 기도가 필요한 상태인 것이다.

개인 그리고 가정, 교회 공동체, 나라와 민족, 그리고 세계선교를 꿈꾸며 폭넓게 기도의 범위를 넓혀가야 한다. 특별히 가까이에 있는 지체 중에 큰 문제에 봉착한 지체가 발견될 때는, 기도제목을 긴급 타진하여 셀 조원들과 함께, 또는 온 성도가 집중하여 몰아주는 기도를 해야 한다. 나는 이러한 기도가 성령님이 원하는 기도라고 생각한다. 연약한 지체를 향한 성도들의 화살기도는 즉시 그 지체의 현장과 삶으로 날아간다. 또한 그 기도는 하나님의 심장을 울려서 신속한 응답을 누리게 한다. 이러한 응답의 경험은 주위에 비일비재하다. 사랑으로 기도하고 그 지체의 삶으로 기도가 쏟아졌기 때문이다.

둘째, 성령님 안에서 그의 뜻을 좇아 살아가면서 하는 것이다. 하나님이 기뻐하시는 일들은 하나님의 말씀을 주야로 묵상하며 그 말씀을 지키는 것이다. 말씀이 삶의 기준이고 기도의 방향키인 것이다. 어떤 사람이 하루에 7시간을 기도했다고 하자. 그 7시간이 그 기도의 모든 것을 대변할 수는 없다. 다만 성령님의 뜻을 따라 기도했는지가 중점이며, 또한 기도 내용과 기도자의 자세, 기도자의 삶이 어떠한가를 살펴보아야 하기 때문이다. "무엇이든지 구하는 바를 그에게서 받나니 이는 우리가 그의 계명을 지키고 그 앞에서 기뻐하시는 것을 행함이라(요일 3:22)."

셋째, 깨어 구하기를 항상 힘쓰는 것이다. 기도에 항상 힘쓰는 것은 성도의 바른 삶이다. 그 삶을 추구하기 전에 먼저 해야 할 일은 깨어 있는 것이다. '깨어 있다'라는 의미는 나아가 '경계하다' 주의를 기울이다'라는 의미를 지니고 있다. 따라서 영적 경각 상태를 능동적으로 계속해서 유지하라는 명령이다. 즉 영적 경각 상태에 있되 모든 끈기와 간구 안에서 그렇게 해야 하는 것이다. 그 가운데 기도에 항상 힘쓰며 전력투구하는 것이다. 여기서 항상 기도에 힘쓴다는 의미는 기도하는 가운데 인내와 버팀 그리고 끊임없이 마음을 쏟음 등의 의미를 지니고 있다. 이 말은 속히 응답되지 않는 현실 속에서도 낙망하지 않고 인내하며 기도하는 것을 나타내는 표현이라 할 수 있다(눅 18:1).

이와 같이 성령님 안에서 세 가지의 기도 자세를 잘 갖춘다면, 확실히 사단과의 영적 싸움에서 이길 수 있는 효력을 발휘할 수 있다. 성도의 갑옷은 전쟁에 반드시 필요한 무기들이다. 그 무기가 실제적인 전장의 현장에서 힘 있게 사용되기 위해서는 영적인 정신무장이 뒷받침되어야 한다. 그 정신무장은 깨어 항상 기도에 힘쓰는 가운데 완성도 높은 승리를 얻게 해준다.

항상 성령 안에서

간절한 기도와 간구를 주님께 드리며 항상 성령 안에서
친밀함과 누림과 따뜻함으로 성령님과 함께 걷네
온전한 예배와 찬양을 주님께 드리며 항상 성령 안에서
친밀함과 누림과 따뜻함으로 성령님과 함께 걷네
하나님께 합당한 삶으로 성령 안에서 기도합니다.
하나님께 합당한 삶으로 순종하며 나아갑니다.

성령의 조명과 성령의 인도가 통회하는 자에게 임하시네
성령의 충만과 성령의 능력이 부르짖는 자에게 임하시네
부흥하리라 은총을 더하리라 나의 마음에 합한 너에게

3.
하나님과 친밀해지는 기도 습관을 길러라

　요즘 독서하는 습관을 몸에 들이는 가장 좋은 방법은 스마트폰을 멀리 치우고 그 대신 책을 들고 다니는 것이다. 하지만 우리 주변에는 그런 사람들이 많지 않다. 독서든 운동이든 자신의 삶에 그 습관이 얼마나 가깝게 놓여 있느냐 하는 것이 목표 달성의 확률을 극적으로 뒤바꾼다는 것은 증명된 사실이다.

　『해빗』의 작가 웬디 우드는 "인간의 행동의 43%가 습관으로 이루어져 있다."라고 과학적으로 증명했다. 30여 년간 인간 행동의 근원을 연구한 웬디 우드는 금세 고갈되어 사라질 의지력 대신, 주변상황 조건을 살짝 바꿔 저절로 목표를 달성하는 습관 과학의 힘을 빌리라고 조언한다. 그리고 『마음을 열어주는 101가지 이야기』를 저술한 베스트셀러 작가 마크 빅터 한센은 "모든 사람의 부와 성공은 습관화에서 시작된다."라고 말했다. 즉 남보다 탁월해지기 위해 하는 모든 행위를 습관화하는 것이 성공으로 가는 지름길이라는 뜻이다. 이처럼 우리 그리스도인은 하나님과 좀 더 친밀해지기 위해서 좋은 습관을 길러야 한다. 말씀 묵상의 좋은 습관, 겸손과 순종의 좋은 습관, 규칙적으로 하나님과 소통하는 기도생활의 좋은 습관 등이 우리에게 꼭 필요하다. 우리 몸에서 자연스럽게 배어나오는 믿음의 행위들이 우리를 하나님과 더 친밀해지도록 하늘의 사닥다리를 놓아줄 것이기 때문이다. 유신론적 실존주의 철학자로 유명한 야스퍼스는 이 세상엔 초월자의 암호로 가득 차 있다고 말했다. 이 세상이 하나님의 암호로 가득하다는 말은 정말 신비롭고 가슴 뛰게 한다. 온 천지에 가득한 하나님의 암호, 즉 우리 삶에 가득한 하나님의 숨결을 느끼며 사는 사람은 진정 복 있는 사람이다. 하나님의 암호 즉 사인을 우리는 다 알 수 없다. 그러나 매 순간 하나님과 친밀함을 누리며 기도하는 자들에게 하나님의 암호는 열린다. "여호와께서 이르시되 내가 하려는 것을 아브라함에게 숨기겠느냐(창 18:17).", "주님께서는, 마치 사람이 자기 친구에게 말하듯이, 모세와 얼굴을 마주하고 말씀하셨다(새번역 출 33:11)." 2020년 5월 첫째 주 어린이 주일 예배를 마치고 성도들과 인사를 나누는 도중에 한 집사님이 나에게 이렇게 말했다. "목사님! 코로나19 사태가 시작되면서부터 지금까지 목사님의 설교가 더욱 강해진 것 같습니다. 그리고 목사님은 이전보다 더 담대해지신 것 같습니다." 나는 코로나19사태가 시작될 때부터 무릎으로 하나님께 기도하기 시작했고 이번 사태를 하나님의 시선과 관점에서 보기 위한 질문기도를 집중적으로 했다.

하나님은 부르짖는 나에게 말씀으로 그 암호를 풀어주셨다. 그래서 그 말씀을 8주에 걸쳐서 시리즈로 설교할 수 있었다. 나는 평범한 목사다. 속도 좁고 의지력도 약하고 열심도 다른 목사님들에 비하면 부족하다. 그럼에도 불구하고 하나님은 나에게 하나님의 사인을 볼 수 있는 은사를 선물로 주셨다. 하나님은 하나님의 자녀들이 친밀한 기도로 다가올 때 누구에게나 하나님의 경영과 계획을 말씀을 통해 그리고 성령의 감화 감동을 통해서 알리신다.

성도의 자존감은 어디로부터 오는가? 아파트 크기인가? 물질적 풍요인가? 천부적으로 주어진 뛰어난 개인의 능력인가? 이 같은 비본질적인 자존감은 십자가 정신에 위배되는 것들이다. 성도의 진정한 자존감은 하나님과의 친밀함에서 온다. 또한 그 친밀함은 하나님과의 사귐과 누림을 통해서 오는 것이다. 이와 같이 하나님과 더 친밀해지고 그분의 능력을 공급받아 살아가는 비결은 기도 생활 습관에 달려 있다.

[기도의 지속성을 유지하라]

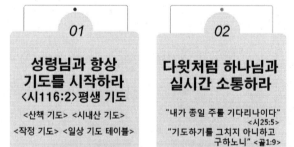

매순간 행동하기 전에 기도하라

　인생은 선택의 연속이다. 그래서 우리는 바른 선택을 해야 하는 거룩한 부담감을 갖고 살아간다. 때로는 하나님이 보시기에 바른 선택을 할 때도 있고, 가끔은 잘못된 선택을 할 때도 있다. 바른 선택은 우리 삶에 기쁨과 활력을 불어넣어주지만, 잘못된 선택은 우리의 시간과 삶의 에너지를 빼앗아간다. 그만큼 한 번의 결정이 미래에 끼치는 영향은 대단하다. 교회를 잘못 선택해서 시험에 들거나, 배우자를 잘못 선택해서 가정이 깨지거나, 또는 비전을 잘못 선택해서 일에 흥미를 잃어버리는 경우 등, 우리 주위에는 잘못된 선택 때문에 아파하는 사람이 많다. 이런 아픔의 근원은 어디에서 시작된 것인가? 바로 매순간 일을 행동하기 전 하나님께 기도하지 못한 데서 온 것이다. 매사에 모든 것을 내려놓고 하나님께 묻는 기도 자세가 있었다면 피할 수 있는 문제들을 진지한 기도 없이 자기 명철만 의지하여 성급한 선택을 했기 때문이다.

　미국의 16대 대통령 링컨은 "나는 어려울 때마다 무릎을 꿇고 기도했다. 나는 충분한 지혜가 없지만, 기도하고 나면 특별한 지혜가 머리에 떠올랐다."고 고백했다. 기도의 사람 링컨은 매번 다가오는 문제 앞에서 두려워하지 않고 하나님께 무릎을 꿇었다. 당신에게 혹시 매번 문제가 다가온다면 당신도 링컨처럼 매번 기도하라. 매번 위기를 넘기게 될 것이며, 매번 하나님의 도우심을 체험하게 될 것이다.

가수 이효리 씨는 이런 말을 했다. "생각하는 대로 살지 않으면 사는 대로 생각하게 된다." 생각하는 대로 살려고 애쓰지 않으면 본능대로 산다는 말이다. 이런 삶은 우선순위가 바뀐 삶이다. 계획 없이 되는 대로 살기 때문이다. 기도도 마찬가지다. 기도라는 길을 통해 주님께 먼저 나아가 그 기도한 내용을 기억하고, 신앙인의 삶을 행동으로 옮기는 것이 바람직한 기도의 모습이다. 매사에 기도로 먼저 하나님께 나아가지 않고, 기도 없이 인생을 살지 않도록 분발해야 한다. 그러므로 모든 일을 시작하기 전에 기도로 무장하고 주님께 기도한 후에 행동하라.

예수님은 우리의 기도 모델이시다. 평상시 어떤 자리에서나 기도하는 모습을 보여주셨다. 특별히 중요한 선택의 갈림길에 서 있을 때는 더 진지하고 간절한 기도를 하나님께 드렸다. 여기서 우리는 예수님이 보여주신 기도의 본을 통해 네 가지 교훈을 얻을 수 있다.

첫째, 예수님은 겸손을 유지하기 위해 매 순간 기도하셨다. 수많은 사람이 예수님의 소문을 듣고 예수님을 찾았다. 병 고침을 받고 말씀도 듣기 위해서였다. 하지만 예수님은 이러한 상황에서도 한적한 곳으로 가서 먼저 기도하셨다. 많은 사람이 예수님을 왕으로 삼으려고 할 때 그 자리를 피하고 하나님께 먼저 기도하셨다. 예수님은 기도하는 가운데 겸손한 모습을 유지하셨다. 예수님은 세상의 명예와 인정에 한눈팔지 않으셨다. 이처럼 우리 또한 매 순간 기도함으로써 우리에게 어울리지 않는 교만의 높은 자리에서 내려와야 한다.

둘째, 예수님은 열두 제자를 선택하기 위해 기도하셨다. "이때에 예수께서 기도하시러 산으로 가사 밤이 새도록 하나님께 기도하시고(눅 6:12)." 누군가를 지도자로 세울 때에는 많은 심사숙고가 필요하다. 한 번의 잘못된 선택이 많은 파문을 불러오기 때문이다. 그래서 기도가 더욱 필요하다. 물론 실력이나 능력, 외모를 보지 않을 수는 없지만, 그보다 더 우선시되는 하나님의 관점에 중심을 두고 지도자를 선택해야 한다. 하나님은 먼저 중심을 보신다. 그 중심을 보시는 하나님의 시선에 포착된 사람이 선택되는 것이 바람직하다.

열두 제자를 세우기 위해 밤이 새도록 기도하신 주님의 모습을 모델로 하여 우리는 무슨 일을 시작하기 전, 반드시 하나님께 여쭈며 도움을 구하는 기도를 해야 한다. 예수님의 기도를 본받은 11명의 제자는 가룟 유다가 죽은 후, 한 명의 제자를 뽑기 위해 기도의 방법을 사용했다. "그들이 기도하여 이르되 뭇 사람의 마음을 아시는 주여, 이 두 사람 중에 누가 주님께 택하신 바 되어 봉사와 및 사도의 직무를 대신할 자인지를 보이시옵소서. 유다는 이 직무를 버리고 제 곳으로 갔나이다 하고, 제비 뽑아 맛디아를 얻으니 그가 열한 사도의 수에 들어가니라(행 1:24-26)."

마찬가지로 공동체 안에서 누군가를 직분자로 세울 때 반드시 하나님께 기도로 나아가야 한다. 우리는 하나님께서 준비하신 사람을 기도를 통해서 찾아야 한다. 예수님과 제자들이 하나님께 기도를 통해서 지혜를 구할 때 하나님은 기도의 응답으로 바른 선택의 축복을 허락하셨다.

셋째, 십자가의 사명을 감당하기 위해 기도하셨다. 주님이 이 땅에 오신 목적은 죄인들을 위한 대속의 은혜를 흐르게 하기 위함이다. 십자가는 우리를 향한 주님의 깊은 사랑을 표현한 사랑의 결정체이다. 주님은 우리를 죄에서 구속하시고 사망에서 생명으로 옮겨주시기 위해 너무 힘들고 고통스러운 십자가를 지셔야만 했다. 우리를 만드신 하나님께서 인간의 손에 의해 죄인이라는 누명을 쓰고, 저주받은 자만이 달리는 십자가에 달리셔야만 했다. 너무도 고통스러웠을 것이다. 외적인 고통과 내적인 고통이 이루 말할 수 없었을 것이다. 이러한 참혹한 상황에서 주님은 기도하셨다. 인류의 구원을 위한 주님의 몸부림에 담긴 간절함의 기도는 피하고 싶을 정도로 힘든 상황을 극복하는 힘을 갖게 했으며, 드라마 같은 반전을 이루어냈다.

혹시 당신에게 주님처럼 정말 고통스럽고 힘든 상황이 발생한다면 주저하지 말고 바로 기도하라. 간절히 애써 더욱 기도하라. 하나님께서 공급해주시는 힘을 덧입어 당신에게 주어진 사명을 감당할 수 있을 것이다. 우리가 매번 일을 시작하기 전에 기도로 하나님께 나간다면 순간마다 주시는 주님의 능력을 덧입게 될 것이며, 후회 없는 선택을 함으로써 에너지를 소모하거나 비효율적인 삶을 살지 않게 될 것이다. 하나님의 영광을 위한 투자가 성공적으로 이루어져 곳곳에서 행복한 사역이 펼쳐질 것이다.

넷째, 하나님의 뜻대로 기도했다. 하나님의 말씀을 기도의 핵심에 두었던 것이다.

'복명복창(復命復唱)'이라는 말이 있다. 상관이 내린 명령이나 지시 내용을 확인하는 뜻으로 그것을 되풀이하여 말하는 것이다. 이와 같은 방법으로 하나님의 말씀이 선포되면 우리는 복명복창해야 한다. 예를 들어 "항상 기뻐하라" "쉬지 말고 기도하라"는 말씀이 선포되면 우리는 "네! 항상 기뻐하며 쉬지 말고 기도하겠습니다"라고 하나님께 되풀이하며 말해야 한다. 하나님의 말씀을 붙들고 기도하는 성도는 이렇게 말씀을 되새김질하며, 그 말씀을 좇아 살 것을 결단하는 삶을 매일 반복해야 한다.

복명복창이 왜 중요하냐면, 하나님의 말씀을 기억하는 차원에서도 그렇지만, 그 말씀을 따라 살고자 하는 의지를 아름답게 표출할 수 있기 때문이다. 내가 담임하는 행복한교회는 공예배부터 저녁기도회까지 말씀이 선포된 후 곧바로 이어 말씀을 붙잡고 기도를 한다. 금방 들은 말씀, 우리에게 힘과 도전과 회개를 요구하는 거룩한 말씀이 우리의 기도로 다시 한 번 고백될 때, 살아 있고 운동력 있는 말씀의 힘이 배가 된다. 말씀을 듣는 자가 의인이 아니고, 그 말씀을 듣고 행하는 자가 의인이 아니겠는가? 이를 위하여 우리는 말씀이 우리 삶에 빈번하게 기억되어야 하며, 그 말씀의 이정표가 우리 눈앞에 자꾸 아른거려야 한다.

하나님의 말씀을 사모하고 사는 성도들에게는 특별한 혜택이 주어진다. 그 혜택은 성령님의 조명을 통한 말씀의 명확한 해석과 적용이다. 한 예로 나는 여호수아서를 자주 읽고, 그 말씀에 기록된 승리의 비결을 자주 묵상한다. 어느 날 내가 두 달에 한 번 정도 방문하는 기도원 화장실에 붙어 있는 성구를 보고 큰 은혜를 경험한 적이 있다. 그 말씀은 평상시에 자주 읽고 묵상하던 말씀이었다. 그 말씀이 순간적으로 내 심령에 살아 운동력 있게 다가왔다. "이 율법책을 네 입에서 떠나지 말게 하며 주야로 그것을 묵상하여 그 안에 기록된 대로 다 지켜 행하라. 그리하면 네 길이 평탄하게 될 것이며 네가 형통하리라(수 1:8)."

하나님은 전쟁을 준비하는 여호수아에게 승리의 전략과 전술을 가르쳐주신 게 아니라, 그의 입에서 말씀이 떠나지 않게 하라는 명령을 내리셨다. 신앙의 최우선순위는 말씀이 내 입에서 줄줄 흘러나오며, 그 말씀을 주야로 묵상하여 그 말씀이 자연스럽게 생활 속에서 실행되는 것이다. 말씀이 입에서 떠나지 않는다는 것은, 한편으로 그 말씀을 붙잡고 기도한다는 것을 동시에 말하고 있다. 말씀과 기도는 항상 동시적이어야 한다. 말씀이 우리 안에 거할 때 성령은 그 말씀을 우리의 삶 가운데 조명해주신다. 그래서 그 말씀이 지혜와 능력으로 옷을 입고 믿음으로 연결되어 우리의 삶을 새롭게 변화시킨다.

성경은 다윗과 사울을 비교하며 기도의 사람과 기도하지 않는 사람을 자세히 보여준다. "사울이 죽은 것은 여호와께 범죄하였기 때문이라. 그가 여호와의 말씀을 지키지 아니하고, 또 신접한 자에게 가르치기를 청하고 여호와께 묻지 아니하였으므로 여호와께서 그를 죽이시고 그 나라를 이새의 아들 다윗에게 넘겨주셨더라 (대상 10:13-14)." 하나님 나라의 초대 왕으로 기름부음 받은 왕이 왜 하나님께 묻지 않고 신접한 자를 찾았는지 이해가 안 된다. 혹시 우리도 하나님의 백성이며 자녀이면서 하나님께 묻지 않고 세상과 친구에게 묻고 있는지 한 번 살펴보아야 하겠다.

이와 반대로 다윗은 작은 일부터 큰일에 이르기까지 하나님께 묻는 신앙을 가졌다. "그 후에 다윗이 여호와께 여쭈어 아뢰되 내가 유다 한 성읍으로 올라가리이까 여호와께서 이르시되 올라가라. 다윗이 아뢰되 어디로 가리이까 이르시되 헤브론으로 갈지니라 (삼하 2:1)." 다윗은 전쟁에 나갈 때나 어려운 일을 만났을 때 하나님께 기도하며 묻고 행동으로 옮겼다. 매사에 기도하며 하나님을 찾은 것이다. 즉 하나님의 도움을 항상 구하며 하나님의 사인이 떨어질 때 움직였다. 이러한 자세야말로 바른 기도의 표본이다. 평상시에도 항상 기도를 놓지 않고 살면서 선택의 문제나 어려움이 닥칠 때는 더 진지하게 기도하며 주님의 도움을 구하라. 그리하면 다윗을 도우신 주님이 당신의 앞길을 선한 길로 인도하실 것이다.

규칙적이고 공개적이며 겸손하게 기도하라

이런 말이 있다. "똑똑한 사람은 노력하는 사람을 당할 수 없고, 노력하는 사람은 즐기는 사람을 이길 수 없다." 나는 이 내용에 한

가지를 덧붙여서 기도에 적용한다. "똑똑한 사람은 노력하는 사람을 당할 수 없고, 노력하는 사람은 즐기는 사람을 이길 수 없으며, 즐기는 사람은 규칙적으로 사는 사람을 당할 수 없다." 항상 흔들림 없이 초지일관 주님만 보고 사는 사람은 누구도 당할 수 없다.

나는 자주 기도의 모델로 다니엘을 삼는다. 나는 다니엘서를 읽다가 탱크같이 어려움을 돌파하는 다니엘의 신앙에 놀라움을 금치 못했으며, 그 가운데 다니엘을 보호하시고 세우시는 하나님의 강하고 능력 있는 손길을 느꼈다. 그리고 다니엘의 신실한 믿음에 큰 도전을 받았다.

다니엘은 성경에 나온 어떤 인물보다 규칙적인 기도의 사람이었다. 다니엘서 6장을 보면 다니엘이 조서에 어인이 찍혔음에도 당당하게 이전에 하던 대로 예루살렘을 향하여 창문을 열어놓고 기도하는 모습이 나온다. "다니엘이 이 조서에 왕의 도장이 찍힌 것을 알고도 자기 집에 돌아가서는 윗방에 올라가 예루살렘으로 향한 창문을 열고 전에 하던 대로 하루 세 번씩 무릎을 꿇고 기도하며 그의 하나님께 감사했더라(단 6:10)." 이 말씀 중에 가장 핵심이 되는 내용이 나를 놀라게 했다. "전에 하던 대로."

다니엘은 14~16세로 추정되는 나이에 바벨론에 포로로 끌려갔다. 머나먼 타국 땅에서 하루하루 적응하며 산다는 것이 그리 쉽지 않았을 것이다. 특히 하나님을 모르는 이방 나라의 문화와 맞서서 하나님 중심으로 산다는 것은 더욱 어려웠을 것이다. 그러나 다니엘은 뜻을 정했다. 하루에 세 번 반드시 바쁜 일상 속에서도 기도시간만은 절대 양보하지 않겠다고 말이다. 다니엘은 왜 고향이 아닌 타국에서까지 눈에 불을 켜고 오직 하나님만 바라며 기도의 줄을 놓지 않았을까? 그리고 어떻게 무조건 기도의 자리를 사수하며 예루살렘을 향해 창문을 열어놓고 무릎 꿇고 하나님만 바라며 기도할 수 있었을까? 그 이유는 하나님만이 유다를 넘어 온 세계를 통치하시는 분이라는 사실을 인식했기 때문이다.

당시 세계를 지배하는 제국 바벨론과 그 나라의 통치자 느부갓네살도 하나님의 크심과 높으심 앞에서는 아무것도 아니며, 힘을 못 쓴다는 사실을 알고 있었기 때문이다. 분명 현실은 냉혹한 포로의 삶이지만, 그 너머에 세계와 우주를 붙잡고 계시는 하나님을 다니엘은 본 것이다. 하나님만이 모든 제국의 역사를 주장하시는 분임을 알고 있었기에 다니엘은 담대했으며, 우상 나라의 분위기에 약해지지 않았다. 하나님의 크심에 비해 바벨론은 한낱 종이호랑이에 불과했다. 이러한 믿음을 다니엘은 청소년 때부터 소유했기에 우상의 음식쯤이야 쉽게 거절할 수 있었고, 채소를 먹어도 고기를 먹는 자들보다 하나님의 은혜로 더 윤택한 모습을 보여줄 수 있었다. 또한 하나님께서 주시는 총명함으로 더욱더 민첩했으며, 젊은 나이에도 꿈과 이상을 해석하는 영적인 세계의 거장이 되었다.

세월이 흘러 다니엘이 사자 굴에 들어가기 직전의 상황까지 그가 걸어온 기도생활은 어땠을까? 다니엘이 사자 굴에 던져질 때 그의 나이는 80대였다. 역사는 다니엘이 바벨론에 끌려가서 느부갓네살, 벨사살, 그리고 다리오, 고레스에 이르기까지 왕들을 섬겼다고 말한다. 바벨론, 그리고 메대 바사(페르시아), 이 두 나라에서 총리직을 감당했다. 다니엘은 80년의 생활이 넘도록 기도의 자리를 벗어나지 않았다. 다니엘의 규칙적인 기도 안에는 하나님을 향한 일편단심, 변하지 않는 믿음이 항상 함께했음을 우리는 기억해야 한다.

에스겔서 14장에는 불법을 저지르고 하나님께 죄를 범한 나라를 하나님께서 심판하시고자 할 때, 그곳에 비록 노아, 욥, 다니엘이 있었다 해도 그들은 자기 공의로 자기들만 살 뿐 남들을 구원하지 못할 거라고 말씀하시며, 노아, 욥, 다니엘을 믿음의 사람 중 최고의 사람으로 등장시킨다. "비록 노아, 다니엘, 욥, 이 세 사람이 거기에 있을지라도 그들은 자기의 공의로 자기의 생명만 건지리라. 나 주 여호와의 말이니라(겔 14:14)." 하나님의 눈에 다니엘이 얼마나 예쁘고 사랑스러웠는지, 성경 인물 중 최고의 의인이라 불리는 노아와 욥과 이름을 같이하며 어깨를 나란히했다는 사실에서 우리는 알 수 있다.

이러한 다니엘의 신실한 믿음 가운데 남들과 다른 기도의 특이점이 발견된다.

첫째, 그는 공개적으로 기도했다. 다니엘은 바벨론 제국의 왕 느부갓네살과 그들이 믿는 거대한 우상들에게 위축되지 않았으며, 몰래 숨어 기도하지 않았다. 창문을 활짝 열어놓고 예루살렘에서 기도하던 것처럼 기도했다. 하나님과 주위에 있는 많은 사람에게 다니엘의 기도소리는 크게 울려퍼진다. 그는 환경과 상황을 의식하지 않는, 모든 초점이 하나님께만 집중된 기도의 소리를 뿜어냈다. 목숨이 위태위태한 살 떨리는 분위기에 구애받지 않고 기도했다.

이와 마찬가지로 우리의 믿음 또한 다니엘처럼 공개적이어야 한다. 믿지 않는 사람들이 우리의 기도하는 모습을 보고 '저 사람은 참 신앙인이다'라고 인정할 만큼 공개적이어야 한다. 당신이 기도하는 사람이라는 정보를 세상 사람들에게 보여주라. 잠시 잠깐만 보여주지 말고 당신의 삶이 끝나는 날까지 기도하는 모습을 드러내 보여라. 바울이 복음을 부끄러워하지 않고 때를 얻든지 못 얻든지 많은 사람에게 십자가를 공개한 것처럼, 당신 또한 기도하는 모습과 복음을 전하는 것에 부끄러워하지 말고 신앙인임을 공개하라. 그렇다! 우리의 기도는 교회에서만 잠깐 하고 숨겨지는 것이 아니라, 세상 많은 사람 앞에서 공개적으로 드러나야 한다. 주님은 우리가 빛의 사자답게 진리의 빛을 비추고 부패를 막아내는 소금의 삶을 보여주길 원하신다.

둘째, 겸손하게 기도했다. 다니엘은 무릎 기도의 대명사이다. 그가 살아온 80년이 넘는 긴 세월 동안 하나님 앞에 항상 무릎을 꿇었다. 다니엘이 아무리 세계 최대 강국 바벨론의 왕 느부갓네살에게 절을 받아내는 역사를 창출했어도, 총리 자리에 올라 권세를 얻었다 해도, 그의 무릎은 항상 기도의 자리를 이탈하지 않았다. 결국 겸손의 자리를 무릎기도로 사수한 것이다. 그는 끝까지 "하나님께서 하셨습니다. 하나님만이 나의 모든 것입니다."라고 자신의 신앙고백을 표현했다. 우리 안에 꿈틀거리며 솟아오르는 교만의 쓴 뿌리를 다니엘처럼 무릎기도로 꼭꼭 누르고 잠재우라. 그러면 하나님께서 우리를 자연스럽게 높여주실 것이다.

이런 다니엘의 모습에 비해 우리의 모습은 어떠한가? 한 번 솔직히 비교해보자. 송구영신 예배가 끝나면 새해에 꼭 다짐하는 자신과의 약속이 있다. "올해에는 꼭 새벽기도에 참석하겠습니다." "올해에는 말씀을 꼭 일독하겠습니다." 기도시간을 늘리고 성경통독을 꼭 하겠다고 다짐해보지만, 얼마 가지 않아서 그 약속은 흐지부지되고 만다. 또한 부흥회나 작정기도 시간에 뜨겁게 열정을 불사르다가 며칠, 몇 달을 못 가서 다시 원상태로 돌아간다. 이렇게 신앙생활을 하는 사람이 주위에 정말 많다.

감리교의 창시자 요한 웨슬리는 매일 새벽 네 시에 일어나 두 시간씩 기도하고 성경을 보았다고 한다. 그런 까닭에 그는 가는 곳마다 말씀을 전해 수많은 사람을 주님 앞으로 인도할 수 있었고, 영국을 무혈혁명으로부터 구원하고 세계 최대 교파의 하나를 이룰 수 있었다. 그리고 그는 일주일에 이틀씩 수요일과 금요일은 한 끼만 먹고 금식했다. 그의 기도생활이 얼마나 규칙적이었는지 '규칙쟁이'란 별명에서 오늘날 '감리교회'(Methodist Church method : 규칙, 방법, 질서의 뜻)란 이름이 생겨날 정도였다. 그는 하나님을 향한 변함없는 모습은 하나님의 변함없는 지지를 받게 된다는 진리의 산증인이다.

인생은 단거리 경주가 아니다. 장거리 마라톤과 같다. 속도를 내서 무언가를 해결하려고 하는 습관은 버려야 한다. 하나님을 찾다 가 다시 세상을 찾는 나쁜 인생의 경주를 중단해야 한다. 그리고 속히 긴 세월을 기도 없이 살 수 없었던 다니엘과 웨슬리같이 규 칙과 원칙이 존재하는 신앙의 경주를 하라. 주님이 좋아하시는 사 람은 바로 뜻을 정하고 기도하며 믿음으로 사는 사람이다.

나 우뚝 서리라

극심한 절망과 고통 고개를 들 수 없고
희망을 말할 수 없는 세대
하지만 주는 회복을 준비하셨네!
환난과 핍박 속에서 뜻을 정했네!
거룩한 길을 나 선택하네!
창문을 열어 무릎 꿇고 기도하네!

죽음의 벼랑 끝에도
주 말씀 붙잡고 믿음 잃지 않는
기도한 다니엘처럼
주 약속 믿으며 나 우뚝 서리라!

_ 엘레오스 2집

자투리 시간을 활용하라

마음은 정말 기도하고 싶은데 기도시간이 부족할 때도 있고, 의지가 부족하여 기도를 쉬는 때도 있다. 또는 너무 바빠서 기도하지 못하는 때도 있다. 이런 환경 가운데서도 우리가 쉬지 않고 하나님을 향한 우리의 사랑 고백을 간구로 담아 주님께 아뢸 수 있다면 얼마나 행복할지 상상해보라. 자투리 시간을 이용한 기도 방법은 여러 가지가 있지만, 그중 내가 즐겨 쓰는 방법은 다음의 세가지다.

첫째, 길을 걸으며 기도하라. 우리는 요즘 웰빙 시대를 살고 있다. 그중에서 다이어트가 큰 비중을 차지한다. 그래서 많은 사람이 운동을 하는데, 그중에 오래 걷기가 있다. 행정안전부가 한국갤럽에 의뢰해 제주도를 제외한 15개 광역시·도에 거주하는 19세 이상 일반인 1,501명을 대상으로 보행 환경에 관한 의식 조사를 한 결과, 우리나라 성인은 밖에서 하루 평균 1시간 18분가량 걷는 것으로 조사되었다고 한다. 꾸준히 걸을 때 인체에는 심장혈관 질환, 체중조절 관리, 당뇨, 골다공증, 관절염, 우울증, 암 등 여러 가지 질병과 증상을 예방하고 치료할 수 있다고 한다. 일주일에 닷새 동안 하루 30분 이상 걷는다면 심장마비를 일으킬 확률이 반으로 줄어든다고 한다. 이렇게 운동을 위해서 걷는 사람이 있고, 일과 속에서 1시간 이상 걷는 사람도 있는데, 우리는 이 시간을 기도하는 시간으로 활용해야 한다.

걸어가면서 주님을 찬양하고, 걸어가면서 기도하는 것은 어렵지 않다. 나도 처음에 이렇게 기도하는 것이 익숙하지 않아서 기도하지 못했지만, 주님을 인식하고 주님과 더 많은 대화를 하려고 마음을 먹으니, 걸으면서 하는 기도를 기쁨으로 할 수 있었다. 길을 걸으면서 가끔 하늘을 보며 하나님을 생각하면 좋다. 주님도 하늘을 우러러보시며 하나님을 향한 마음을 표현하며 기도하셨다. "예수께서 이 말씀을 하시고 눈을 들어 하늘을 우러러 이르시되 아버지여, 때가 이르렀사오니 아들을 영화롭게 하사 아들로 아버지를 영화롭게 하게 하옵소서(요 17:1)."

젯빛 하늘도, 푸른 가을 하늘도, 비 오는 하늘도 모두 좋다. 잠깐 시간을 내어 하늘을 바라보면 하나님께서 나를 보고 웃고 계신다는 사실을 느끼게 된다. 끝없는 사랑의 소유자가 되시는 주님이 나를 주목하고 계신다는 생각에 나는 고마움과 감사의 눈물을 흘리고 만다. 나를 제일 아끼고 사랑하시는 분이 내 곁에 있다니 행복함이 가득 밀려온다. 고난 가운데 지치고 곤고할 때 새 힘은 어디에서 오는가? 바로 우리 곁의 가장 소중한 사람을 생각할 때 오는 것이다. 우리에게 가장 소중한 분은 누구인가? 우리를 위해서 자기 자신의 모든 것을 바쳐 우리를 죄에서 구원하신 분, 우리의 생명이 되시는 분, 바로 예수님이시다. 이렇게 크고 좋으신 분이 우리와 함께하고 있음에 우리는 더욱 힘과 용기를 얻게 된다.

길을 걸을 때 하나님의 사랑을 노래하며 이렇게 고백해보는 것은 어떨까? "하나님, 제 마음 아시죠? 하나님을 많이 사랑합니다.

하나님을 많이 의지합니다. 제 곁에 계셔주셔서 감사합니다. 주님 때문에 제가 매일 안전하며, 주님 때문에 받는 위로 탓에 항상 힘을 얻고 살아갑니다. 주님은 제 삶의 전부입니다. 제가 가장 사랑하는 분이며, 제 삶의 유일한 기쁨이십니다."

이렇게 하나님을 찬양하는 가운데 하나님은 어느 날 나에게 사랑의 편지를 보내주셨다. 즉 나의 고백 가운데 하나님으로부터 답장이 온 것이다. 이 편지 내용을 고이 간직하고 있다가 찬양으로 만들었다. 이 곡은 곤고한 자들에게 하나님께서 함께하신다는 위로와 확신을 주시고자 하는 하나님의 사랑이 담긴 〈내가 너와 함께하노라〉라는 노래이다.

내가 너와 함께하노라

해가 뜨는 곳에 내가 있고
해가 지는 곳에 내가 있으며
나는 사라지지 않노라
네가 아파할 때 내가 있었고
네가 기뻐할 때 내가 있으며
나는 너의 곁에 있노라
잠시 곤고한 날이 너에게 임하여
내가 보이지 않을 때에
너는 나를 향하여 기도해보거라

그러면 내가 다시 보이리라

나는 사라지지 않노라

너의 곁에 있노라

내가 너를 품고 있노라

나는 멀리 있지 않노라

너의 곁에 있노라

내가 너를 안고 있노라

내가 너를 사랑하노라

나는 너의 하나님이라

내가 너와 함께하노라

둘째, 잠자기 전에 기도하라. 미국 최고의 갑부로 소문난 록펠러의 어머니는 록펠러가 어린 시절부터 하나님을 잘 섬길 수 있는 '10가지 교훈'을 남겨주었다. 록펠러는 그 교훈을 자기 생활의 십계명으로 삼고 살았다.

그 열 가지 중 하나의 교훈이 "잠자리에 들기 전 하루를 반성하고 기도하라"는 것이다. 아침에 일어나서 일과를 하나님께 맡기는 기도를 했다면, 취침 전에는 오늘도 무사히 하루를 지켜주신 하나님께 감사의 기도를 드려야 한다. 베드로에게 매일 발을 씻을 것을 명령하신 주님의 말씀처럼, 하나님의 일보다 사람의 일을 먼저 생각한 것을 회개하며 씻어내야 한다. 그리고 영의 생각보다 육신의 생각들을 습관처럼 했던 것들을 씻어내야 한다. 그래서 취침 전에 하루를 기도로 정리하는 일은 매우 중요하다. 하루를 마무리하는 귀한 시간에 컴퓨터를 하다가 잠자리에 들 것인가? 공부에만 열중하다가, 또는 무의미한 시간을 보내다가 잠이 들 것인가? 잠자리에 들기 전 기도하기 바란다. 하루에 있었던 일들을 돌아보며 감사와 회개와 찬양으로 하나님께 나아가길 바란다.

나는 시골이 고향이다. 어린 시절에는 북두칠성 별자리를 자주 보며 지냈다. 밤하늘을 바라보고 있노라면 가끔 유성이 떨어지는 것을 볼 수 있었다. 그 당시 내려오는 전설에는 유성이 떨어지는 것을 볼 때 3초 안에 소원을 빌면 그 소원은 이루어진다고 했다. 어느 날 우연히 밤하늘을 보고 있었는데 진짜 유성이 떨어지는 것을 보게 되었다. 너무 급하게 이렇게 소원을 빌었다. "1억입니다. 1억입니다." 큰 소리로 빌었다. 정말 신이 났다. 그 짧은 시간에 소원을 비는 데 성공했다는 것 때문에 큰 기쁨이 밀려왔다. 지금 생각해보면 웃음이 절로 나온다.

이렇게 소원을 빌고 집에 들어가 잠자리에 들려고 할 때 나는 정말 행복했다. 이루어질지 이루어지지 않을지 모르는 소원이지만, 소원을 빌었다는 것 자체만으로 나는 만족했기 때문이다. 그 가운데 행복한 마음으로 잠자리에 들 수 있었다. 대상이 누군지도 모르는 분에게 소원을 빌고도 만족하며 편안한 잠을 잘 수 있었는데, 하물며 믿음의 주요, 온전케 하시는 하나님께 믿음의 소원을 아뢰고 잠자리에 든다면 얼마나 행복하겠는가?

다윗은 침상에서도 주님을 기억하며 기도했다. "내가 나의 침상에서 주를 기억하며 새벽에 주의 말씀을 작은 소리로 읊조릴 때에 하오리니(시 63:6)." 다윗은 아침과 정오, 저녁에 주님께 기도했다. 아침과 정오, 저녁은 상징적으로 하루를 상징한다. 다윗은 하루하루의 삶을 살 때 항상 하나님께 기도하는 좋은 습관을 지니고 있었던 것이다. 당신도 잠자리에 들기 전, 다윗처럼 하나님을 기억하기 바란다. 그리고 이렇게 고백하기 바란다. "사랑합니다, 나의 아버지. 사랑합니다. 아주 많이 사랑합니다." 그리움에 불러보는, 사랑해서 간절히 찾아 부르는 하나님의 이름이 당신의 침상에서도 있기를 바란다.

셋째, 운전하면서 기도하라. 예전에 KBS 〈퀴즈 대한민국〉이라는 프로그램에 도전해서 제44대 퀴즈 영웅으로 등극한 임성모 씨의 이야기를 TV를 통해서 본 적이 있다. 학력이 높은 다른 출연자들에 비해 기초실력이 부족할 것으로 생각한 임 씨는 2년간 기본기부터 충실히 다졌다. 어느 정도 기본기가 쌓였다고 생각되자 퀴즈 프로그램에 맞춘 공부를 시작했다. 방송을 보며 중요하다 싶은 문제를 모두 기록해 공부하고, 사전 발췌, 신문 스크랩 등을 하며 문제로 나올 만한 내용을 두꺼운 노트 20권에 빼곡히 정리했다고 한다. 새벽에 일찍 출근해 저녁 늦게 퇴근하는 임 씨는 장소에 상관없이 짬을 내어 공부했다고 한다. 일이 끝난 후 공부한다고 몇 시간씩 앉아 있다 보면 잠이 부족해 일하기가 어려워서, 트럭 안이 됐건 화장실이 됐건 언제든지 시간만 나면 공부했다고 한다.

여기서 나는 깊은 깨달음과 도전을 받았다. 임 씨는 집에서 메모한 내용을 운전하다가 신호등이 멈추면 그 짧은 시간을 활용해 메모지의 내용을 읽었다고 한다. 나도 운전을 자주 하는 편인데, 운전하다 보면 운전에 몰두하거나 라디오 방송을 들을 때가 잦다. 주로 그 시간을 크게 활용하지 못하고 있었다. 그런데 이분의 이야기를 듣고 '바로 이거야!' 나도 운전을 하다가 적색 신호등에 걸리면 무조건 기도하기로 했다. 그 후로 운전하면서도 쉬지 않고 주님을 향해 기도하는 방법을 깨닫게 되었다.

내가 시무하고 있는 행복한교회는 집에서 차로 20분 거리이다. 예전 같으면 그냥 아무 생각 없이 운전하며 보낼 20분이 기도시간이 되었다. 차 안은 나에게 모세의 기도장소인 시내산과 같다. 주님과 독대할 수 있는 안성맞춤의 공간이다. 기도하며 운전하는 것은 전혀 위험하지 않다. 고요한 차 안에서 어떤 날에는 큰 소리로 주님의 이름을 부르며 기도하고, 어떤 날에는 주님께 조용히 사랑을 속삭이는 기도를 할 때도 있다. 당신도 주님께 더 많은 시간을 드려 기도하길 바란다. 가끔 기도부흥회를 인도하기 위해 지방에 다녀올 때도 차 안에서 몇 시간씩 기도하며 성령님과 대화한다. 집회에 갈 때는 성령님, 제발 이 부족한 종의 입을 주관하셔서 하나님의 능력과 위로가 이 교회와 성도들에 나타나게 해달라고 부르짖는다.

여전히 나는 탁월한 설교가도 부흥사도 아니기에 오직 성령님의 도움만을 사모한다. 또한 집회가 끝나고 집으로 상경하는 동안에 나는 차 안에서 주님께 감사의 기도를 쉼 없이 드리며 주님을 찬양한다. 여러분도 지금부터 기도의 삶을 확대하고 기도의 시간을 확보하는 노력을 멈추지 않는다면, 충분히 시내산의 기도를 여러분의 차 안에서도 드릴 수 있다.

기도는 기도 안에 담긴 내용도 중요하지만, 그전에 기도하는 훈련과 기도하는 시간을 많이 갖는 것도 중요하다. 예수님처럼 기도하는 습관을 지녀야 한다. 어느 장소, 어느 환경에 있을지라도 기도하는 것을 쉬지 않는 믿음의 사람들이 이 시대에는 필요하다. 주님은 이러한 훈련을 통해 주님께 나오는 자들을 찾으신다.

[중보자 예수 그리스도 (향 단)]

A	분향 단의 위치(기도의 위치와 중요성)	〈시편28:2〉
B	향 단의 모양(바르고 정직한 기도)	〈잠15:8〉
C	향 단의 뿔(기도의 능력)	〈막9:29〉
D	향 만드는 과정(기도의 자세)	〈출30:37-38〉
E	향 피우는 시기(성령과 항상 기도)	〈출30:7-8〉
F	향 단을 대속(7월10일 통회 기도)	〈출30:10〉
G	향은 진액으로 만듦(진정성 있는 기도)	〈출30:36〉

2부

가슴을 찢는 통회로
죄의 먼지와 때를 씻어라

계시록 11장 3절에 두 증인이 나오는데, 그들은 굵은 베옷을 입고 있었다. 전통적으로 히브리 사회에서 굵은 베옷은 회개할 때나 크게 애통할 일이 있을 때 입는 옷이다. 따라서 두 증인이 굵은 베옷을 입고 예언한다는 것은 이들이 세상에 대하여 회개의 메시지를 선포한다는 사실을 의미한다. 회개는 세례 요한이 전한 메시지의 핵심이고(마 3:1-2) 예수님의 사역의 첫 일성이었다(마 4:17). 또한 오순절에 각지에서 온 사람들이 베드로의 설교를 듣고 '우리가 어찌할꼬'라고 물은 데 대한 베드로의 대답이었다(행 2:37-38). 그와 같이 회개는 죄인이 하나님께로 돌아가기 위한 필수 요건이다. 따라서 하나님을 모르고 거룩함을 상실한 자들에게 다른 메시지는 소용이 없다. 오로지 회개만이 필요할 뿐이다. 회개만이 그들을 살릴 수 있는 길이다.

한편 두 증인이 굵은 베옷을 입은 것은 그들이 메시지에 부합하는 옷차림을 하고 있다는 것을 말해주는 것이다. 입으로 멸망과 회개에 관한 말을 외치면서 기쁜 얼굴에 좋은 옷을 입을 수는 없는 것이다. 마찬가지로 성도의 모습도 그 임무에 맞는 모습을 해야한다. 즉 우리의 삶은 우리의 임무를 반영하는 것이어야 하는 것이다. 우리가 입으로 회개와 겸비를 말하면서 실제로는 향락과 방종에 빠진 삶을 살고 있다면, 세상 사람들은 우리가 전하는 어떤 말도 받아들이지 않을 것이다. 회개하는 교회와 성도만이 다른 사람을 구원할 수 있는 능력을 발휘할 수 있다. 또한 심판에 대한 두려움과 슬픔이 교회와 성도 안에 있을 때 교회는 세상 속에서 제구실을 감당할 수 있다. 안락함을 추구하는 교회, 양적 번영에만 가치를 두는 교회는 세상을 움직일 만한 능력을 이미 상실한 교회로 볼 수밖에 없다.

코로나19 사태는 한국 교회와 목회자, 성도들에게 여러 가지 교훈을 남겼다. 그 교훈 중 하나를 들자면 자기성찰이다. 환난날이 우리의 삶에 실제적으로 도래했을 때 우리가 어떻게 믿음으로 반응하는가는 실전 모의고사를 통해서 확인할 수 있다. 환난날에 우리가 성찰해야 하는 것은 바로 자신의 실제적인 믿음이다. 믿음은 이론적이거나 추상적인 것이 아니라 실제이다. 코로나19 사태가 성도들에게 준 소중한 교훈이 있다면, 그것은 자신의 믿음을 환난 가운데 실제적으로 확증해볼 수 있는 기회라는 것이다. 죽음의 공포를 부활 신앙으로 극복할 수 있는 믿음이 비축되어 있었는지? 경제적 어려움과 궁핍에서도 하나님의 채우심에 대한 약속을 믿을 수 있는지? 자신의 믿음을 점검하고 돌아볼 수 있는 기회가 코로나19 사태를 통해 우리에게 주어졌다. 우리의 연약함으로 점철

된 비틀어지고 어긋난 신앙의 균형은 성찰과 회개기도를 통해 곧바로 교정될 수 있다.

2019년 9월에 나는 장로회 목사님들의 기도모임에 기도 강사로 초청을 받았다. 대부분 담임목회 사역을 잘 감당하고 있는 분들이 모여 있었다. 기도 세미나를 며칠 앞두고 나는 하나님께 도움을 청하며, 이번 세미나를 어떻게 진행하기를 원하시는지 물었다. 기도하는 가운데 성령님께서 감동하셔서 몇 가지 전해야 할 메시지를 주셨다.

첫째, 목사님들이 감성보다 이성에 많이 치우쳐 있기 때문에 그들의 감성과 영성을 터치해야 한다고 하셨다. 많은 목사님들이 하나님을 아는 지식에 충만하여 무장되어 있는 반면에, 기도의 무릎을 꿇는 시간이 소홀해졌다는 것이다. 기도 시간이 대폭 줄면 나타는 부작용들이 많다. 그 중에 가장 큰 손실은 순수함으로 주님 앞에 나아가지 못하는 것이다. 다윗이 백발 노인이 되었을 때에도 여전히 하나님을 찬양하고 그분 앞에 친근히 나아갈 수 있었던 것은 종일 기도와 여전한 기도를 쉬지 않았기 때문이다.

"주여 내게 은혜를 베푸소서 내가 종일 주께 부르짖나이다(시편 86:3).", "내가 깰 때에도 여전히 주와 함께 있나이다(시 139:18)." 순수함이 가득한 사람은 다윗처럼 청소년 시절부터 백발 노인이 되기까지 하나님을 향한 마음이 한결같다. 다윗은 무명의 목동 시절이나 한 나라를 다스리는 왕의 자리에 올랐을 때나 여전히 겸손함을 동반한 순수함으로 하나님을 만났다. 기도하는 다윗은 언제나 자신의 허물을 낱낱이 아뢸 줄 알았고, 하나님과의 관계의 밀도를 항상 높이는 삶을 추구하며 살았다. 이 모든 것이 정상적으로 유지될 수 있었던 것은 오직 기도의 힘이다. 기도를 통해 하나님을 매일 알현하기 때문이다.

두 번째 주신 메시지는 질문을 던지라는 것이었다. 그 질문은 이 시대에 하나님이 우리에게 원하시는 기도는 무엇일까 하는 것이다. 요즘 한국 사회와 교회는 복음에 물들어가기보다 세상의 죄악에 섞이고 물드는 상황과 현실 앞에 서 있다. 진영 논리에 서로를 원수로 치부하고 서로 미워하고 싸우고 있으며, 독한 시기와 미움으로 서로 충돌하고 있다. 이와 같은 때에 우리가 최우선으로 해야 할 기도는 무엇인가 하는 질문은 매우 중요하다고 생각된다. 주님께서는 그 질문의 응답을 통회기도라고 하셨다. 옷을 찢는 행위를 뛰어넘어 가슴을 찢으라는 것이다. "너희는 옷을 찢지 말고 마음을 찢고 너희 하나님 여호와께로 돌아올지어다(욜 2:13)." 자서전을 쓰기보다, 자신의 공로를 내세우는 일에 집착하기보다, 모두가 다같이 십자가 앞에서 참회록을 쓰라는 것이다.

누가복음 13장에는 몇몇 사람이 갈릴리 사람들의 피를 빌라도가 그들의 희생 제물에 섞은 것에 대해 예수님께 아뢴 사건이 나온다. 이 사건을 알고 계신 예수님은 오히려 모두가 각성하고 회개해야 할 것을 명령하신다.

"대답하여 이르시되 너희는 이 갈릴리 사람들이 이같이 해 받으므로 다른 모든 갈릴리 사람보다 죄가 더 있는 줄 아느냐 너희에게 이르노니 아니라 너희도 만일 회개하지 아니하면 다 이와 같이 망하리라(눅 13:2-3)." 죄는 극악무도한 죄만 죄가 아니다. 선을 알고도 행하지 않는 것도 죄이며, 사람을 외모로 판단하는 것도 죄이다. 믿음으로 하지 않는 모든 것이 죄이다.

가장 보편적인 죄는 하나님 말씀 앞에 순종하지 않는 죄와 서로 사랑하지 않는 죄이다. 그래서 통회의 시간은 절대적으로 필요하다. 개인적인 통회, 그리고 나라와 민족의 통회. 십자가 정신과 성육신 정신을 잃어가고 있는 한국 교회와 목회자들은 앞 다투어 주님이 원하시는 단계의 통회를 시작해야 한다. 죄로 인한 더러움과 어둠을 깨끗하게 씻겨내야 한다. 그러므로 성결의 꽃으로 우뚝 선 십자가 앞으로 나와 옷만(형식과 의무) 찢지 말고, 세리처럼 가슴을 치며 "예수님 나를 불쌍히 여겨주소서 나는 죄인입니다."라고 부르짖어야 한다. 이러한 통회의 자리에 우리가 기꺼이 나아갈 때 성령님은 회개의 영을 부어주셔서, 우리의 숨겨진 죄들까지 끄집어 내어 우리의 죄를 청산해주신다.

이 모든 총체적인 죄들의 해결책은 십자가이다. 우리 주님의 십자가는 인류의 근원적이고 뿌리 깊게 박힌 죄의 문제를 온전히 처리하시는 능력을 구비했다. 그러므로 일어나 빛을 발하기 전에 십자가 앞으로 나아가 철저히 죄인임을 고백하고, 십자가에서 흘러나오는 은혜의 선물들을 받아 누리자. 그 선물은 의와 자유와 평강과 희락이다. 우리 모두 죄를 극복하고 응답의 축복을 누리는 통회의 자리로 자원하여 나아가자.

[굴뚝 기도 시스템 원리]

회복,청소
치유,회개

치유 선포

매일 씻으라

응답 받기

1.
차지도 덥지도 않은 죄를 회개하라

42.195㎞를 달리는 마라톤 경기는 처음 출발점부터 온 힘을 다해서 달려야만 결승점에 좋은 성적으로 들어올 수 있다. 마라톤은 처음부터 마지막까지 있는 힘을 다해 달리는 경기이다. 마지막 골인 지점에 도달할 때는 자신의 모든 힘을 다 쏟아부은 상태로 들어와야 한다. 그래야 페이스 조절에 성공한 것이다. 골인 지점에 도착했음에도 남은 힘이 있다면 페이스 조절에 실패한 것이다. 이와 마찬가지로 우리 신앙의 경주는 주님과의 첫사랑부터 뜨거워야 하며, 그 뜨거운 사랑의 경주로 온 힘을 다해서 생을 마감하는 그날까지 유지되어야 한다. 미국의 육아 전문 칼럼니스트 에르마 봄벡은 "내가 삶의 마지막 날 주님의 앞에 서게 될 때 나는 남은 재능이 조금도 없이 당신이 준 모든 것을 다 사용했다."라고 말하고 싶다고 했다.

청교도 신학자 조지 휘트필드는 이렇게 말했다. "나는 녹슬어 없어지기보다는 닳아서 없어지기를 원하노라." 예수님은 연약하고 죄인 된 우리를 위해 한결같은 뜨거운 사랑을 보여주셨다. 예수님은 우리를 위해 자기의 모든 열정과 생명을 바쳐 우리를 죄에서 건져내셨다. 시시때때로 변하는 그런 사랑이 아니라, 언제나 뜨거운 사랑으로 우리를 품어주신 것이다. 이러한 일방적이고 조건 없는 사랑에 우리는 어떤 반응을 보여왔는지 생각해보자.

주님을 사랑하는 열정과 복음을 전파하기 위한 열정은 스스로 생성되는 것이 아니라, 바로 주님을 사랑하는 데서부터 시작되는 것이다. 그리스도의 완전한 사랑을 맛보고 체험한 자는 믿음의 뜨거운 열정을 계속 발산시킨다. 그러나 십자가 사랑의 체험이 없는 자는 수동적인 신앙생활을 한다. 겨우 또는 마지못해 뜨뜻미지근한 상태를 유지하며 교회를 다닌다. 그러므로 한국 교회는 성도들에게 이것저것 일을 시키기 전에 먼저 주님을 인격적으로 만나는 체험부터 하게 해야 한다. 성령님과 동행하는 신앙인은 죽어도 주님을 떠나지 않을 것이다. 어떤 시련이 와도 주님을 향한 열정이 식지 않을 것이다.

또한 능동적이며 생기 있는 믿음의 생활을 영위할 것이다. 차거나 덥거나 하지 않는 정체성을 잃은 첫째 원인은 주님의 완전한 사랑을 아직 받아보지 못했기 때문일 것이다. 그리고 둘째 원인은 세상의 풍요로움에 잠시 정신을 잃고 있기 때문이다. 가난하고 어려웠던 지난날에는 많은 사람이 교회와 기도원과 산으로 기도하기 위해 모여들었다. 그러나 정작 하나님의 축복을 받아 살기 좋아진 지금은 많은 사람이 기도하기 위해 모이는 진풍경은 몇몇 기도원을 제외하고는 볼 수 없는 현상이 되고 말았다. "네 눈을 잠들게 하지 말며 네 눈꺼풀을 감기게 하지 말고(잠 6:4)."

달란트를 숨겨둔 죄를 회개하라

2020년 3월 내가 시무하는 행복한교회는 코로나19 감염증의 빠른 종식을 위한 특별 저녁 10일 작정기도회를 열었다. 특이한 점은 모이는 곳이 교회가 아닌 가정이라는 것이다. 10일 동안 매일 저녁 9시에 모두가 합심하여 회개하며 빠른 회복과 새로운 부흥을 위한 기도를 드렸다. 기도회에 붙잡아야 할 말씀은 시편 91편과 107편 그리고 103편과 시편 23편이었다. 이어서 5가지의 기도제목을 놓고 합심하여 기도했다.

이번 기도의 특징은 하나님 앞에 어린아이부터 장년에 이르기까지 모두 무릎을 꿇는 것이었다. 무릎을 꿇는다는 것은 하나님 앞에 자신의 죄를 인정하고 그 죄들에 대한 용서를 구하는 철저한 낮아짐을 상징한다. 또 다른 하나의 특징은 두 손을 하나님을 향해 높이 드는 것이다. 마치 모세가 아말렉과의 전쟁에서 두 손을 높이 든 것처럼 하나님을 향해 간절함과 몸부림으로 도움을 구하듯 두 손을 높이 들었다. 10일의 기적이 곳곳에서 일어났다. 하나님은 통회하며 자신을 낮추는 자에게 함께하신다. 참된 회개는 새로운 마음의 변화를 일으키고, 잃어버렸던 사명을 되찾고, 그 사명을 불태우는 기폭제 역할을 감당한다. 그러므로 회개는 조목조목

구체적으로 해야 한다.

하나님은 성령으로 거듭난 인생에게 천부적인 재능들을 골고루 나누어주셨다. 이와 같은 은사들은 하나님 나라의 확장과 하나님 나라의 부흥을 위해 반드시 필요한 하늘의 자원이다. 그러나 이 귀한 은사들과 각자에게 부여한 사명이 세상일에 뒷전으로 밀려나 그 능력이 발휘되지 못한다면, 성령으로부터 부어진 은사와 사명이 빛을 발하지 못하게 될 것이다. 우리는 지금 자신에게 부족하고 없는 것에 대한 관심과 불만을 쏟아낼 것이 아니라, 이미 성령께서 부어주신 재능과 은사를 하나님 나라 확장에 전폭적으로 사용하고 있는지 점검해보아야 한다. 하나님은 많이 받은 자에게 많은 것을 요구하신다. 또한 하나님이 부여하신 큰 사명을 받은 자에게도 역시 많은 것을 요구하신다. "알지 못하고 맞을 일을 행한 종은 적게 맞으리라 무릇 많이 받은 자에게는 많이 요구할 것이요 많이 맡은 자에게는 많이 달라 할 것이니라(눅 12:48)."

마태복음 25장에 보면 종말에 관한 세 가지의 비유가 나온다. 먼저 열 처녀 비유가 나온다. 그중에 다섯은 슬기롭다고 인정받고, 나머지 다섯은 미련하다고 책망을 받는다. 슬기로운 처녀와 미련한 처녀의 차이는 무엇인가? 간단하다. 바로 기름을 준비했느냐 준비하지 않았느냐의 차이다. 기름 없이는 등잔불을 밝히지 못한다. 여기서 기름은 성령님의 임재를 상징한다. 성령님과 항상 동행하는 자는 기도의 불을 밝히며 마르지 않는 생수로 가득하다. 어둠을 밝히는 말씀의 등불로 빛을 발산하게 되어 있다. 미련한 다섯 처녀는 불을 피울 수 있는 최소한의 기름도 없었다. 그들의 기름은 이미 고갈되어버려서 불을 피울 수 없었다. 미리 기름을 준비했어야 함에도 기름을 준비하지 않았다. 등불을 밝히지 못하는 상황에 이르렀음에도 그들은 졸고 있었다. 신앙의 잠을 잔 것이다. 그것도 너무 깊이 잠들고 말았다.

이와 마찬가지로 신앙의 깊은 잠에 빠져 성령님과의 교제가 단절되어, 성령의 인도 대신 세상의 인도를 따라 사는 자들이 있다. 바로 기름을 준비하지 못한 다섯 처녀와 같은 유형의 사람들이다. 성령님과 동행하고 말씀 묵상과 기도생활이 일정하게 이루어졌다면, 절대 신앙이 냉랭해지거나 말라버리는 일은 없을 것이다. 얼마나 하나님을 잊은 채 살았으면, 얼마나 열정 없이 살았으면 이 지경까지 이르러 주님의 심판을 받게 된단 말인가? 믿음생활에 대한 방심과 방임이 불러온 참극의 결과는 비참한 것이다. 혼인 잔치에 들어가지 못하게 된다. "그들이 사러 간 사이에 신랑이 오므로 준비하였던 자들은 함께 혼인 잔치에 들어가고 문은 닫힌지라(마 25:10)."

수많은 기회를 주었음에도, 오랜 세월이 흘렀음에도 신랑 되시는 주님을 위해 무관심한 자들은 신랑을 만날 자격이 박탈된다. 천국 잔치에 참여할 자격도 상실하게 된다. 우리는 신앙의 게으름과 나태함이 불러오는 무서운 결과의 자리에 도달하지 않도록 성령님과 동행해야 한다. 어두운 밤중에 오시는 주님의 방문에 믿음의 등불을 들고 주님을 맞이하자. 당신의 마음에 갈급함이 사라져

가고 뜨거운 열정이 식어간다면, 주님께 눈물로 회개하고 다시 기름 부음이 넘치는 믿음을 회복하자.

이어서 마태복음 25장에는 또 하나의 비유가 나온다. 달란트 비유이다. 다섯 달란트, 두 달란트, 한 달란트를 받은 자들이 오랜 세월 동안 주인이 맡겨준 일들을 어떻게 잘 수행했는지를 평가하는 내용이다. "오랜 후에 그 종들의 주인이 돌아와 그들과 결산할새(마 25:19)." 이들이 다같이 가지고 있던 공통점은 모두가 같은 주인을 섬기고, 모두가 한 주인이 크든 작든 그들에게 맡긴 달란트가 있었다는 것이다. 오랜 세월이 흐른 후에 주인은 약속한 대로 종들에게 찾아와 달란트를 어떻게 활용했는지를 묻는다.

다섯 달란트를 받은 사람과 두 달란트를 받은 사람은 즉시 가서 사명을 감당했고, 그 결과 주인이 명령한 사명을 잘 수행했다. "다섯 달란트 받은 자는 바로 가서 그것으로 장사하여 또 다섯 달란트를 남기고(마 25:16)." 그렇다. 주님이 맡기신 일은 즉시 시작해야 한다. "하나님의 일을 하는데 나중에 하지 뭐!" 하고 미뤄서는 안 된다. "나중에!"라는 말은 사탄이 제일 잘 사용하는 신앙인을 향한 태클이다. 한 달란트 받은 사람은 즉시 가지 않고 어물쩍거리며 슬쩍 넘어가려는 자세를 취했다. 자기 일에만 관심을 쏟고 주님이 맡긴 사명은 차일피일 미루며, 관심 없는 달란트는 땅에 묻어버렸다. 거기에다 주인을 굳은 사람으로 오해까지 했다. 뿌리지도 않은 데서 열매를 거두는 사람으로 오해했다. 노력 없이도 많은 것을 그냥 얻을 수 있는 사람이라 생각했다.

신앙인들 가운데도 이런 유형이 있다. 하나님을 위해선 노력하지 않는다. 주님이 십자가에 매달려 대속하신 일방적인 은혜에만 만족하고, 주님이 맡기신 사명은 뒷전으로 한다. 잠잘 것 다 자고, 하고 싶은 일 다 하고, 시간이 남으면 자투리 시간만 주님께 드린다. 주님의 은혜를 값싼 은혜로 만든 것이다. 우리가 신앙인으로서 가장 크게 오해하는 것이 있다면, 한 달란트를 받은 사람과 같은 오해이다. 하나님께서 주신 사명에 대한 책임과 관심보다 세상 일에 더 큰 관심을 두고 살면서도, 자기에겐 아무런 문제가 없다고 생각하는 것이다. 바른 길로 가고 있다고 착각한다. 자기만의 신앙생활을 원칙으로 만들고 그것에 맞추어 신앙생활을 한다. 이런저런 핑계를 다 대가며 자기 나름대로 주님을 사랑한다고 말한다.

신앙인은 원칙을 지켜야 한다. 그 원칙은 주님이 말씀을 통해서 주신 뜻대로 순종하며 사는 것이다. 내가 하고 싶은 대로 인생을 사는 것이 아니다. 주님이 주신 사명을 감당하며 살아야 한다. 그러므로 우리는 주님이 주신 사명을 온전히 감당하지 못한 죄를 회개해야 한다. 달란트는 우리의 주인 되신 하나님께서 우리에게 주신 사명을 상징한다. 하나님은 누구에게나 많고 적음의 차이를 떠나 사명을 주신다. 우리 신앙인은 예수님을 구주로 영접한 후에 모두 다 하나님께로부터 사명을 받았다. 그것은 바로 복음전파 사명과 교회를 섬기는 사명이다. 그리고 기도하는 사명이다.

그러나 이러한 사명보다 자기 안위만 챙기기 위해 사명에 불타는 사람이 너무 많다. 여기 한 달란트 받은 사람이 그런 유형이다.

하나님께서 맡긴 사명에는 전혀 관심이 없다. 구원받은 자가 이 땅을 사는 동안 마땅히 해야 할 일에 대해서 무관심하다. 숨겨두었다는 것은 관심이 없다는 것이다. 숨겨두었으니 자주 보지 못하게 되고 결국 잊히게 되는 것이다. 사명을 숨겨두고 사는 신앙인은 하루빨리 다시 사명을 감당하기 위해 주님께로 돌아와야 한다. 주님의 일에 무관심하고 세상에 관심을 두며 사는 성도들도 하루빨리 주님을 향한 삶으로 방향을 바꾸어야 한다. "네 악이 너를 징계하겠고 네 반역이 너를 책망할 것이라 그런즉 네 하나님 여호와를 버림과 네 속에 나를 경외함이 없는 것이 악이요, 고통인 줄 알라 주 만군의 여호와의 말씀이니라(렘 2:19)." 사명에 관해 무관심한 것은 하나님을 경외함이 없기 때문이다. 하나님께 무관심한 것은 그 자체가 고통이다. 그러므로 신속히 하나님께서 맡겨주신 사명에 관심을 보여야 한다.

하나님은 세상의 평가 기준인 상대평가를 하지 않으신다. 하나님의 평가 기준은 절대평가이다. 상대평가처럼 최고와 중간과 최하위를 나누어 평가하는 기준이 아니라, 각자의 달란트를 남긴 자들에게 같은 칭찬으로 이어지는 평가이다. 한 달란트를 받은 자가 한 달란트를 남긴 것과 다섯 달란트를 받은 자가 다섯 달란트를 남긴 것에 차등을 두는 평가가 아니라, 각자가 남긴 달란트에 대한 절대평가를 해주시는 것이다. 하나님은 예수님을 구주로 영접한 모두에게 사명을 주셨다. 골인 지점이 있는 선수와 골인 지점이 없는 선수는 드리블 자세가 다르다 분명한 목표가 있으면 눈빛부터 다른 것도 바로 그런 까닭이다. 열정은 모든 것의 시발점, 나를 솟아오르게 하고 나를 추락하게도 하는 마술의 에너지이다. 오늘도 어제처럼 내일은 오늘처럼 살지 말라.

이 사명을 잠시 모른 체하고 살았다면, 주님께 회개하고 불타는 사명으로 남은 생을 주님의 영광을 위해 살길 바란다. 달란트를 숨겨두지 마라.

열정이 식어버린 신앙을 회개하라

미국 39대 대통령 지미 카터의 인생 좌우명은 '너는 최선을 다했는가?'이다. 카터가 이러한 삶의 좌우명을 갖게 된 데에는 사연이 있다.

해군사관학교를 졸업하고 임관을 받기 전에 그는 유명한 해군제독인 릭오버 제독과 면담을 갖게 된다. 이 해군제독은 젊은 해군 장교인 카터에게 전술과 전략에서부터 군인의 자세, 태도에 이르기까지 날카로운 질문을 던졌다. 카터는 땀을 흘리면서 대답하기 위해 애를 썼다. 그런데 갑자기 이 제독이 화제를 돌려서 해군사관학교 시절에 어떻게 살았고 어떻게 공부했는가를 물었다. 또한 웃으면서 성적은 어떠했느냐고 물었다. 카터는 성적에는 자신이 있어 820명 중 59등으로 졸업했기에 자신 있게 등수를 대답했다. 그러자 대뜸 이렇게 묻는 것이었다.

"그 성적이 자네가 최선을 다한 결과인가?"

카터는 식은땀을 흘리며 이렇게 대답했다.

"글쎄요. 최선을 다했다고야 말씀드릴 수는 없겠지요."

이때 제독은 무섭게 쏘아보면서 이런 질문을 던진다.

"왜 최선을 다하지 않았다는 말인가?"

카터는 더 이상 답변을 할 수 없었다. 그날 밤 카터는 이런 생각을 했다.

"내가 인생을 다 살고 주님 앞에 서는 날, 주님은 이 해군제독이 던진 것과 비슷한 질문을 나에게 던지실지 모른다. 이때 만약 주님께서 이렇게 물으신다면 나는 어떻게 대답할까?"

그날 그는 인생의 좌우명을 얻었다.

"너는 최선을 다했는가?"

우리는 예수님의 복음을 통해 은혜의 시대를 살고 있다. 예수님의 대속의 은혜가 아니면 우리는 단 하루도 살아갈 수 없다. 그렇다면 누가 은혜에 강자이며, 누가 그 은혜를 힘입어 살아가는 사람인가?

첫째, 우리의 추악한 모든 죄를 위해 자신의 생명을 내주면서까지 단번에 청산하신 그리스도의 은혜를 항상 기억하는 성도들이다. 성결의 꽃으로 우뚝 선 갈보리 십자가의 희생의 사랑을 매일 잊지 않고 그 은혜에 감사하는 사람들이다. 성도는 그 은혜를 단 하루도 잊어서는 안 된다.

둘째, 그 은혜를 삶으로 나타내는 사람들이다. 그 아름다운 희생의 사랑을 통해 값없이 주어진 은혜를 삶으로 값비싸게 살아내는 성도들이다. 진정 주님의 그 고귀한 사랑을 통해 구원받은 성도들은 그 은혜를 기억 속으로만 간직하지 않고, 자기 십자가를 지고 은혜 입은 자의 삶과 사망에서 생명으로 옮겨진 감격의 삶을 살아간다. 억지나 억압에 의해서, 또는 형식적으로 마지못해 주님을 예배하지 않는다. 즐거움으로 자원하여 은혜를 은혜 되게 살아간다.

특별히 우리는 십자가의 사랑으로 우리의 자격이나 공로가 아닌, 예수님의 불가항력적인 사랑으로 살고 있다. 그러므로 우리는 그 은혜를 더 부각하고 간직하기 위해 특별히 구별된 삶을 살아야 한다. 우리는 하나님이 구약에 나오는 선민 이스라엘을 얼마나 사랑하셨는지 너무도 잘 알고 있다.

하나님은 애굽에서의 고역과 종살이의 고통을 아시고, 이스라엘 백성들을 모세를 통해 불러내셨다. 그 은혜는 말할 수 없는 놀라운 은혜였다. 하지만 그 후 선민 이스라엘은 일시적인 그 은혜에만 만족할 뿐, 고난이 엄습해오자 그들에 대한 하나님의 개입과 인도하심에 불평불만을 갖게 되었고, 하나님의 지도하심을 정면으로 거부하는 길을 선택했다. 그들은 값비싼 은혜를 값싼 은혜로 전락시켜버렸다. 그러나 진정한 신앙인은 대가를 지불하는 신앙인이다. 일시적으로 잠시 그 은혜를 찬양하는 사람이 아니라, 영원토록 그 은혜를 삶으로 찬양하는 성도들이다.

참된 은혜의 삶을 구현하지 못하는 성도들의 특징은 이렇다. 용서는 구하면서 삶으로 회개하지 않는 사람들이다. 예배는 드리지만 산 제물이 아닌, 흠과 점으로 점철된 무리들이다. 그리고 예수님의 피로 의롭게 된 거룩한 상태를 유지하지 못하고, 우리 안의 성전을 강도의 소굴로 방치한 사람들이 바로 예수님의 십자가 은혜를 값싸게 만들고 있는 자들이다. 진정한 자유와 해방을 예수님의 십자가를 통하여 받은 자들이라면, 결코 세상과 짝하거나 세상의 더러움에 물들어서는 안 된다. 예수님의 은혜를 알고 은혜를 입은 성도들은 하나님의 말씀이 의도하는 대로 구별된 자리, 구별된 생각, 구별된 삶을 영위해야 한다.

전도자 무디는 어린 시절 부흥집회에 참석했다. 그런데 헤네스 발렐이라는 영국 목사의 설교를 들을 때 마음이 열려 감동을 받고 가슴이 뜨거워졌다. 그 목사는 "하나님은 지금도 온전히 헌신하는 사람만 있으면 그를 통해서 지금까지 나타나지 않았던 더 큰일을 하실 수가 있다."고 설교했다. 돈이 많다든가, 재주가 많다든가, 지식이 많다든가가 아닌, 온전히 헌신하는 자라야 한다는 이 말씀을 듣고 무디는 바로 그 자리에서 자기의 생애를 온전히 바치기로 했다. 그는 매우 기뻐서 눈물을 비 오듯 흘렸다고 고백했다.

그는 미국의 경제 공황기에 100만 명을 주님께로 전도하는 엄청난 기적의 일꾼으로 하나님께 쓰임 받았다. 하나님은 지금도 열정과 헌신으로 주님을 향해 나오는 자들을 통해 일하신다. 하나님의 자녀로서 왕 노릇을 하며 살아야 할 믿음의 사람들이 가끔 보면

풀죽은 모습으로 기쁨과 자유를 누리지 못하고 살아간다. "한 사람의 범죄로 말미암아 사망이 그 한 사람을 통하여 왕 노릇 했은즉 더욱 은혜와 의의 선물을 넘치게 받는 자들은 한 분 예수 그리스도를 통하여 생명 안에서 왕 노릇 하리로다(롬 5:17)."

그리스도의 생명 안에서 우리는 왕처럼 살아야 한다. 왕처럼 행동하고 왕처럼 말하며 왕처럼 권세를 누리며 살아야 한다. 그렇다면 당신 믿음의 현주소는 왕처럼 사는 인생인가, 아니면 종처럼 사는 인생인가? 왕은 자유로우며 자신감이 넘치고 당당하다. 그러나 종은 눈치를 보며 수동적이고 자신감 없는 인생을 산다. 왕 같은 제사장의 위치에 당신의 주파수를 고정하라. 그러면 그렇게 살게 될 것이다.

주님의 생명 안에서 뛰놀며 왕 같은 열정을 추구하며 살라. 기독교인이라는 이름을 가진 많은 이가 주님을 우선순위에 두고 살기보다 현실의 중요한 것들에 주님의 시간을 사용하고 있다. 이렇게 세상의 분주함과 세상의 목적에 우선순위를 두게 되면, 하나님에 대한 열정은 자연히 식는다. 천국에 대한 확신과 기대, 기쁨이 모두 사라지게 된다. 그러면서도 회개하지 않는다. 이미 구원을 받았다고 생각하기 때문일 수도 있을 것이다. 아니면 세상의 것들이 주님이 주시는 행복보다 더 크게 보이기 때문일 것이다. 주님은 안 보이고 세상 것들은 가까이 보이기 때문일 것이다. 그러나 주님은 이렇게 '무사안일주의' 신앙을 가진 자들에게 회개하라고 말씀하신다. 하나님께 열정을 보이지 않고 계속해서 세상을 향해 달려간다면 토해버리겠다는 무서운 말씀을 남기셨다. 열정이 없는 사랑은 큰 의미가 없다. 열정이 없는 신앙 또한 의미가 없다.

당신은 마태복음 13장에 나오는 '감추인 보화'와 '값진 진주'의 비유를 잘 알고 있을 것이다. '천국'은 마치 이와 같다는 비유로 주님이 말씀하신 내용이다. '감추인 보화'는 천국과 예수 그리스도를 상징한다. 즉 예수 그리스도를 만난 자들에게 일어나는 반응에 대해서 표현하고 있는 것이다. 그들의 반응은 어떠했는가? 자기의 소유를 다 팔았다. 예수 그리스도는 우리의 모든 소유보다 더 귀하신 분이다. 우리의 시작이며 우리의 영원이시다. 우리의 모든 것이다. 그러므로 우리를 만나주신 예수님께 적극적이고 능동적인 사랑을 표현해야 한다. 이것이 우리의 사명이다. 자기의 모든 소유보다 더 크고 더 소중한 주님을 우선순위에 두는 삶이 천국을 발견한 자가 반응하는 모습이다. 예수 그리스도를 만난 자의 기뻐하는 모습이다.

'진주' 비유도 마찬가지다. '값진 진주'를 발견한 후 자기의 소유를 다 팔아 진주를 산다. 자기의 소유보다 진주가 더 크고 소중하다는 판단이 들어서이다. 당신은 지금 어떤 모습으로 주님께 나아가고 있는가? 환희와 기쁨인가, 아니면 열정이 없고 감격도 없는 모습인가? 그도 아니면 자신의 능력이나 소유에 기뻐하며 주님에게는 인색한 모습으로 나아가고 있는가? 당신의 시간이든 물질이든 그 어떤 것도 주님보다 더 소중한 자리에 올려놓아서는 안 된다. 주님은 먼저 그 나라와 그 의를 바라는 자들을 사랑하고 축복하시기 때문이다. 주님보다 세상을 향해 달려왔던 발걸음을 이제는 멈춰야 한다. 회개해야 한다. 주님을 향한 뜨거운 열정을 회복해야 한다. 우리가 주님에게 덥지도 차지도 않은 모습으로 오랜 시간 인생을 허비했다면, 이 부분에 대해서 주님께 회개하고 주님을 향한 열정의 불을 지펴야 한다. 기도를 통해 회개하고 기도를 통해 열정이 회복되기를 소망한다. "무릇 내가 사랑하는 자를 책망하여 징계하노니 그러므로 네가 열심을 내라 회개하라(계 3:19)."

2014년 겨울, 나는 지금은 고인이 된 유석경 전도사의 간증을 직접 듣기 위해 눈발이 날리는 금요일에 수지에 있는 전도사님 집으로 한걸음에 달려갔다. 처음 보는 전도사님의 얼굴에는 슬픈 기색이라고는 전혀 보이지 않았다. 오히려 목회하며 지쳐가는 나보다 훨씬 더 밝고 담대해보였다. 나는 그녀의 밝은 모습과 아름다운 신앙을 목격하고 속으로 이렇게 말했다. '하나님을 신뢰함이 어찌 이렇게 온전할 수 있을까?'

그녀는 설교시간 내내 쩌렁쩌렁한 목소리로 "하나님을 신뢰하십시오!"라고 외쳤다. 그녀의 찬양과 메시지는 행복한교회 성도들에게 큰 감동과 울림을 선물했다. 극심한 절망과 고통 속에서도 죽음을 전혀 두려워하지 않고 하나님을 전적으로 신뢰하는 전도사님은 마치 빌립보 감옥에서 차꼬에 매여 있는 상황에도 하나님을 신뢰하며 찬양과 기도를 즉시 시작했던 바울과 실라의 모습 같아 보였다. 나는 전도사님을 통해 현재의 최악의 상황이 하나님을 만나는 최상의 길을 열어준다는 사실을 다시 한 번 알게 되었다. 지금 크리스천에게 필요한 덕목 중에 하나는 열정이다. 바울과 같이 사나 죽으나 그리스도를 위해 열심을 품고 복음을 전하는 것이다.

[말세의 신앙 패턴을 살피라]

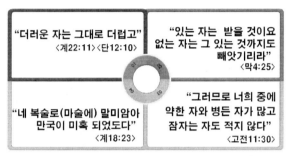

영적 빈익빈 부익부 현상이 일어난다
죄의 전염속도가 너무 빠르게 퍼져간다

기도에 힘쓰지 못한 죄를 회개하라

우울증 환자에게 의욕을 다시 불러일으키게 도와줄 때 종종 애를 먹는다. 무기력에 빠져 있는 환자들은 주로 이렇게 말한다. "의욕이 없으니까 누워 있는 거죠. 의욕이 없는데 어떻게 운동을 해요." 하지만 의욕은 쉬면서 기다린다고 저절로 생기지 않는다. 심리치료 중에 행동활성화 치료라는 것이 있다. 이 치료법의 핵심은 내적 의욕이 아니라 외적 가치에 따라 활동하도록 도와주는 것이다. 의욕이 생길 때까지 마냥 기다릴 게 아니라, "내 삶에서 중요한 것은 무엇인가? 지금 당장 집중해야 하는 일은 무엇인가?"에 따라 활동을 조금씩 해나갈 때 비로소 의욕이 생긴다는 원리를 기반으로 한다. 내면의 의욕이 외부 행동을 일으키는 것이 아니라, 외부에서 주어진 규칙에 따라 움직일 때 의욕이 생긴다는 점을 강조한다.

이와 같이 성도는 특별히 성령 안에서 항상 기도에 힘쓰는 삶을 습관화해야 한다. 기도하는 삶에 대한 의욕 단절과 무력해진 기도의 삶을 기도 행동활성화 훈련을 통해 바로 세워가야 한다. 기도의 당위성에 대한 이해와 연구도 중요하겠지만, 지금 당장 규칙적인 기도의 삶을 실천해야 한다. 항상 기도하라는 하나님의 뜻을 오랫동안 저버린 죄에 대해 우리는 먼저 회개해야 한다.

세상에는 최고라 부르는 상위 1%의 사람들이 있다. 예를 들면, 공부를 잘하는 상위 1%, 잉꼬부부 상위 1%, 운동을 잘하는 상위 1% 등등. 이러한 사람들은 다른 사람의 부러움의 대상이다. 이러한 사람들의 특징은 모두 최고가 되기 위해 끊임없이 부단한 노력을 했다는 것이다. 우리 신앙인에게도 상위 1%가 있다. 바로 하나님의 말씀을 사랑하여 매일 묵상하고 기도에 전념하며 하나님과 동행하는 사람이다. 신앙인이라면 누구나 다 상위 1%의 삶을 살고 싶어 하지만, 순종하지 않고 기도하지 않으면 오를 수 없는 영역이다.

많은 사람이 하나님과 동행하는 삶은 원하지만, 정작 하나님과 동행하기 위한 노력에는 소홀하다. 그중에서도 기도에 가장 소홀하다. 기도를 쉬는 자는 하나님과 이미 멀어져 있다. 하나님은 매일 환경을 통해 기도하라는 사인을 보내고 있지만, 우리는 무심코 그 사인을 못 본 척 넘어가버린다. 그래서 존 칼빈은 "어려운 상황에서 기도하고자 하는 마음이 없다면 우리는 짐승만도 못한 사람들이 아닐 수 없다."라고 했다.

F. B. 마이어는 "인생의 가장 큰 비극은 응답 없는 기도가 아니라 드려지지 않는 기도이다."라고 했다. 성도가 기도를 멈추면 기도를 들으시고 일하시는 하나님의 경영 작동 시스템이 멈춰버린다. 이러한 시스템을 알고 있는 사무엘은 "기도하기를 쉬는 죄를 여호와 앞에 결단코 범하지 아니하겠다."라고 선포했다. 요한계시록 6장 10절에는 순교자들의 탄원의 기도가 이어지고 있다. 그들은 여전히 자신들의 피를 갚아주시기를 언제 하시겠느냐고 기도하고 있었다. 하나님은 이들의 기도에 이렇게 응답하셨다. "각각 그들에게 흰 두루마기를 주시며 이르시되 아직 잠시 동안 쉬되 그들의 동무 종들과 형제들의 수가 차기까지 하라 하시더라(계 6:11)."

하나님은 의인의 부르짖음에 귀를 기울이신다. 그들의 기도를 들으신다. "의인이 부르짖으매 여호와께서 들으시고 그들의 모든 환난에서 건지셨도다(시 34:17). 성도는 끊임없이 먼저 그의 나라와 그의 의를 구하고 두드리며 찾아야 한다. 우리는 기도하고 하나님이 일하시는 부흥의 주역이 되어야 한다.

사무엘 선지자는 기도하지 않는 것을 죄로 여겼다. "나는 너희를 위하여 기도하기를 쉬는 죄를 여호와 앞에 결단코 범하지 아니하고 선하고 의로운 길을 너희에게 가르칠 것인즉(삼상 12:23)." 그러므로 죄의 목록에는 기도하지 않는 죄가 포함되어 있다. 사무엘은 기도를 멈추고 싶어도 멈출 수가 없었다. 왜냐하면 선택받은 이스라엘 백성이 주변국들의 침략에 두려워 떨고 있는 모습을 보았기 때문이다. 거기에다 하나님을 왕으로 모시고 살던 이스라엘이 하나님 대신 왕을 세워달라는 요구가 거셌기 때문이다. "너희가 암몬 자손의 왕 나하스가 너희를 치러 옴을 보고 너희의 하나님 여호와께서는 너희의 왕이 되심에도 불구하고 너희가 내게 이르기를, 아니라, 우리를 다스릴 왕이 있어야 하겠다 했도다(삼상 12:12)." 만군의 여호와 하나님이 아니라, 용감하고 싸움과 정치에 능한 자를 이스라엘의 왕으로 삼길 원했던 것이다. 이러한 백성의 그릇된 모습을 보며 사무엘은 기도를 멈출 수 없었다.

우리는 두려움이 엄습할 때 반드시 기도로 하나님께 나아가 죽음의 두려움, 미래에 대한 두려움, 건강에 대한 두려움, 경제적인 문제로 말미암은 두려움을 이겨내야 한다. 또한 우리 안에 우리가 왕이 되거나 세상이 왕으로 자리 잡지 못하도록 쉬지 않고 기도해야 한다. 주님만이 우리의 왕으로, 우리를 통치하시는 분으로 모셔 드려야 한다. 우리의 왕이신 주님이 우리 안에 좌정하시도록 기도해야 한다. 왕이신 주님을 높이 부르고 찬양하라. "왕이신 나의 하나님이여, 내가 주를 높이고 영원히 주의 이름을 송축하리이다(시 145:1)."

주님은 우리의 왕으로 영원히 계실 것이다. 하나님은 기도라는 채널을 통해 우리와 함께하길 원하신다. 그러나 우리는 하나님과의 대화보다 내 생활에 더 많은 시간을 사용한다. 사람의 행동은 다 마음에서부터 시작된다. 마음에서부터 사랑이 싹트고, 마음에서부터 사랑의 계획과 실천이 시작된다. 마음이 누군가에게서 멀어지면 그 사람을 잊게 되고, 마음에 상대가 가까이 있으면 계속해서 상대를 기억하고 사랑하게 되는 것이다.

기도는 우리의 마음에 항상 하나님을 생각하고 있다는 것을 입술로 표현하는 행위이다. 그러므로 기도하지 않는 것은 하나님을 사랑하고 있지 않다는 것을 증명한다. 또한 하나님을 마음에서 멀리하고 있다는 것을 증명한다. 우리는 기도할 때 하나님의 도움을 구하게 된다. 자기의 힘과 자기의 지식으로는 이 험한 세상을 '승승장구'하며 살 수 없기 때문이다. 자기의 지혜로는 우리 앞에 놓인 큰 문제를 해결할 수 없기 때문이다. 자기 자신의 능력으로는 이 세상의 죄를 이길 힘이 없기 때문이다. 그러므로 우리는 우리의 도움이신 하나님께 기도하며 지혜를 달라고, 죄를 이기게 해달라고 겸손한 자세로 기도해야 한다.

기도하지 않을 때 하나님과의 관계가 단절된다는 사실을 기억하라. 기도를 쉴 때 우리는 세상의 채널을 통해 세상의 것들을 보게 될 것이다. 그리고 세상과 소통하게 될 것이다. 그 가운데 죄는 밀물처럼 우리의 마음에 스며들어오게 되고, 그 죄들이 쌓여서 우리의 마음을 좀먹을 것이다. 이런 유형의 모습은 사탄이 이스라엘 백성과 이방인들을 유혹하고 타락시켜온 덫임을 기억하자. "내가 게으른 자의 밭과 지혜 없는 자의 포도원을 지나며 본즉 가시덤불이 그 전부에 퍼졌으며 그 지면이 거친 풀로 덮였고 돌담이 무너져 있기로, 내가 보고 생각이 깊었고 내가 보고 훈계를 받았노라. 네가 좀 더 자자, 좀 더 졸자, 손을 모으고 좀 더 누워 있자 하니, 네 빈궁이 강도같이 오며 네 곤핍이 군사같이 이르리라(잠 24:30-34)."

기도하지 않는 사람은 게으른 자의 유형에 속한다. 스스로 믿음의 성숙을 위해 투자하지 않고 있다는 증거이다. 자기의 허물만, 자기의 죄만 쌓아놓고, 하나님과의 만남을 그냥 형식적으로 이끌어가는 사람이다. 항상 기도하라고 말씀하신 주님의 말씀을 실천하지 못한 우리의 허물을 회개하자. 하나님께 더 가까이 기도로 나아가지 못하고, 자기의 명철을 의지했던 우리의 허물을 회개하자. "도움을 구하러 애굽으로 내려가는 자들은 화 있을진저, 그들은 말을 의지하며 병거의 많음과 마병의 심히 강함을 의지하고 이스라엘의 거룩하신 이를 앙모하지 아니하며 여호와를 구하지 아니하나니(사 31:1)." 기도하지 못한 허물을 토설할 때 우리는 하나님의 용서를 체험하게 될 것이며, 다시 기도를 시작할 때 우리와 하나님의 관계가 회복될 것이다.

2.
내면을 치유하는 기도를 통해 자유하라

많은 생물학자들은 이렇게 이야기한다.

"눈에 보이는 열매는, 눈에 안 보이는 뿌리가 미생물들과 엄청난 격전을 치른 결과물이다." 성도의 믿음의 뿌리를 건강하게 해야 아름다운 믿음의 열매가 나올 수 있다.

그렇다면 뿌리를 강하게 하는 것은 무엇일까?

병든 뿌리를 제거하고 새로운 뿌리에 접붙이는 것이다. 병든 뿌리는 우리 안에 내재되어 있는 죄의 산물들이다. "입에서 나오는 것들은 마음에서 나오나니 이것이야말로 사람을 더럽게 하느니라 마음에서 나오는 것은 악한 생각과 살인과 간음과 음란과 도둑질과 거짓 증언과 비방이니 이런 것들이 사람을 더럽게 하는 것이요 씻지 않은 손으로 먹는 것은 사람을 더럽게 하지 못하느니라(마 15:18-20)."

역대상 21장에는 다윗의 인구조사가 기록되어 있다. 언제나 빈틈을 엿보고 틈타는 사탄은 다윗을 충동해서 인구조사를 강행하게 했다. 사탄이 다윗을 충동했을 때 다윗은 그 충동을 믿음으로 억제하지 못하고, 요압을 재촉하여 속히 인구조사를 시행하라고 독촉했다. 분명 사탄은 다윗이 수많은 전쟁에서 승리한 공적과 이스라엘의 견고한 국방력 등을 자신의 공로와 업적으로 삼아, 하나님이 하신 일을 자신이 한 것처럼, 또는 하나님이 받으실 영광을 자신의 영광으로 둔갑시키도록 다윗을 충동했다. 하나님은 다윗의 이러한 행동들을 악하게 여기셨다. 이전에 줄곧 겸손했던 다윗의 모습은 지금은 온데간데없다. 다윗은 지금 어린 목동 시절부터 항상 간직했던 내면의 겸손함을 잃어버린 채 자신의 능력을 과시하고 있었다. 그 내면의 갈등 속에서 그는 기도로 자신의 욕망을 뿌리치는 데 실패하고 말았다. 방심은 금물이라 했는데, 자신의 내면을 기도로 다스리지 못하다가 순간에 사탄에게 훅 넘어갔다.

하나님은 누구든지 자신을 높이거나 자신의 공로를 내세우는 자를 악하다 하신다. 마치 느부갓네살이 자신의 능력으로 제국 바벨론을 세웠다고 말하는 순간 하나님의 진노에 훅 날아가버린 것처럼 말이다 이 진리는 여전히 불변하다. 지금 현대 교회와 성도 그리고 목사님들에게 혹시 다윗의 변질된 모습이 숨겨져 있지는 않은지 자신을 살펴보는 시간이 필요하겠다. 자신의 교회 규모나 성도 수를 자랑하거나, 성령의 선물로 값없이 거저 받은 천부적인 외모나 실력, 은사들을 자신의 것으로 여기는 교만의 늪에 깊이 빠져 있지는 않은지 성찰해보아야 한다. 말구유에 인간의 몸을 입고 오신 아기 예수의 낮아짐의 성육신 정신과 십자가에서 자신의 모든 것을 내어주심의 희생의 정신이 우리 삶에 약화되어 있다면, 코로나 19 감염증이 대유행하는 이 시국에 깊이 회개하며 주님께 나아가기를 소망한다. 자신의 내면에서부터 스멀스멀 피어오르는 자기 과시, 과욕들은 날마다 성령 안에서 기도할 때 사라진다. 지금 당장 자신의 내면에 침투하고 있는 죄들을 십자가 보혈로 씻어라.

주님은 교회를 기도하는 공동체로 정의하셨다. 주님은 "내 집은 만민이 기도하는 집이다. 그런데 너희가 강도의 소굴로 만들었구나."라며 성전을 정화하셨다. 지금 우리의 성전은 어떻게 유지되고 있는가? 2000년 전 예루살렘 당시 강도의 소굴이 되어버린 성전처럼 온갖 세상 것들로 가득 차 있는 건 아닌지, 자신의 내면을 말씀의 거울에 비추어보아야 한다. 우리의 성전인 마음에 산만함과 분주함, 두려움 같은 것들이 가득하다면, 우리의 성전은 이미 강도의 소굴이다. 이 모든 것을 정화하지 않고 그대로 둔다면, 우리는 결코 주님과 친밀한 동행을 이어갈 수 없다. 그래서 우리는 주님이 머물고 계시는 마음의 성전을 매일 청소해야 한다. 그 청소는 십자가의 보혈이 뿌려지고 흐르면서 되어진다. 그 보혈은 죄인이 예수님의 십자가 공로를 붙들고 회개할 때 흐르는 것이다.

세상에서 누리는 '행복'에는 여러 가지가 있다. 성취감의 행복, 물질의 풍요로움에서 오는 행복, 가정의 화목함에서 오는 행복, 건강함의 행복, 성공의 행복 등. 이러한 행복에 비해 전혀 부족하지 않은 복이 있다. 그것은 바로 죄 용서함을 받은 자의 복이다.

시편 32편은 지복(至福)의 즐거움을 토하면서 시작한다. 히브리어 '아쉬 라이'라는 말은 죄 사함을 받은 사람이 "아, 이 어떠한 행복인가!" 혹은 "실로 복이 있도다!"라고 감격하며 쓰는 말인데, 다윗은 자신의 생애 가운데 이를 경험했다. 죄의 무게 때문에 뼈가 쇠할 정도로 큰 고통을 짊어지고 살았던 다윗이 그 문제의 근원인 자신의 숨겨놓은 잘못을 하나님께 낱낱이 고백하고 나니, 이제는 죄수가 형기를 마치고 자유를 얻은 것처럼 기뻤다고 말한다. "여호와께서 자기 백성의 상처를 싸매시며 그들의 맞은 자리를 고치시는 날에는 달빛은 햇빛 같겠고, 햇빛은 일곱 배가 되어 일곱 날의 빛과 같으리라(사 30:26)."

매일매일 대속의 은혜를 체험하라

1872년, 루이스 하트소우 목사는 전도자였지만 십자가의 감격이 없었다. 그러다가 아이오와주 엡워드 시에서 전도 집회를 인도하다가 십자가의 은혜를 체험했다. 그는 십자가 없이 살아온 죄를 회개하면서 십자가 보혈의 감격을 이렇게 읊었다. "갈보리에서 흐르는 고귀한 보혈로 죄를 씻어라. 부르시는 주님의 음성을 듣습니다. 나약하고 추하지만 주께서 내게 힘을 보증하시고 내 추함을 씻으시어 흠 없고 순전하게 하십니다."

후일에 이 시는 찬송시가 되어 〈내 주의 보혈은〉이 되었다. "내 주의 보혈은 정하고 정하다. 내 죄를 정케 하신 주, 날 오라 하시네. 내가 주께로 지금 가오니 골고다의 보혈로 날 씻어주소서."

십자가의 보혈이 뿌려진 곳에는 흔적도 없이 죄가 사라진다. 십자가의 피가 뿌려진 곳에는 죄의 싹이 자라지 못한다. 당신의 영혼에 죄의 치료제를 바르라. 십자가의 보혈은 죄의 질병을 치료하는 '신비로운 치료제'이다. 성경은 깨끗하지 못한 자는 거룩한 길을 지나갈 수 없다고 말한다. 깨끗한 자는 결국 구속함을 받은 자들을 의미한다. 그러므로 십자가로 죄가 씻겨 깨끗한 사람은 구속함을 받은 사람이다. 또한 구속함을 받은 사람은 깨끗한 사람이다. "그 길을 거룩한 길이라 일컫는 바 되리니 깨끗하지 못한 자는 지나가지 못하겠고, 오직 구속함을 입은 자들을 위하여 있게 될 것이라. 우매한 행인은 그 길로 다니지 못할 것이며(사 35:8)."

매일 대속의 은혜를 체험해야 하는 이유는, 우리가 매일 죄가 편만한 세상에 살고 있기 때문이다. 다시 말하면 세상의 죄들이 우리 심령에 묻어서 우리를 더럽게 하기 때문이다. 그러므로 우리는 십자가를 온종일 생명처럼 여겨 품고 살아야 한다. 십자가를 매일매일 품고 살아갈 때 언제나 주님의 은혜로 세상을 이길 수 있다. 바울은 승리의 원동력이 되는 십자가가 주는 유익을 잘 알고 있었다. 십자가가 매일 바울 속에서 역사하느냐, 역사하지 않느냐에 따라 바울은 자신이 세상에 나타나느냐, 하나님의 영광이 나타나느냐의 큰 차이를 목격할 수 있었다. 바울은 십자가의 은혜 없이는 하나님의 영광을 위해 사명을 감당할 수조차 없다는 것을 너무도 잘 알고 있었던 것이다.

바울은 고린도전서 15장 31절에서 "나는 날마다 죽노라"라고 말했다. 주님이 십자가에서 돌아가신 삶을 따라 날마다 십자가 사랑을 재연하면서 사는 바울을 본다. 복음 전도와 하나님 나라에 걸림돌이 되는 자기 욕망을 매일 십자가 앞으로 가져가서 죽이고, 매일 예수님의 영으로 부활의 영광을 본다. 십자가는 죽어야만 다시 살 수 있는 비밀을 가지고 있다. 그래서 우리는 우리의 죄성과 교만, 욕망을 십자가를 통해서 뿌리치며 이겨낼 수 있다.

십자가의 수많은 능력과 그 안에 있는 은혜의 혜택을 누리고 사는 사람이 진정한 파워 크리스천이다. 이렇게 십자가는 우리가 세상과 짝을 이루려는 마음과 발걸음을 막아주며 사탄의 거센 공격에도 끄떡없는 면역력을 높인다. 매일 우리의 삶 가운데 십자가의 온전한 사랑이 함께할 때, 우리 안에는 어떠한 두려움도 침투하지 못할 것이다. 십자가를 현장에서 목격했던 유일한 제자 사도 요한은 요한일서를 통해 십자가 사랑에 대해서 구체적으로 정리하여 가르치고 있다.

그 첫 번째는 십자가 사랑 안에서는 두려움에 떨지 않으며, 오히려 두려움을 내쫓는다고 말한다. "사랑 안에 두려움이 없고 온전한 사랑이 두려움을 내쫓나니, 두려움에는 형벌이 있음이라. 두려워하는 자는 사랑 안에서 온전히 이루지 못했느니라(요일 4:18)." 죽음의 두려움, 미래에 대한 두려움, 물질에 대한 걱정과 두려움, 사탄에 대한 영적인 두려움, 이러한 것들에서 벗어날 수 있다고 말한다. 십자가의 온전한 사랑은 매일 밀려오는 두려움과 걱정과 불안과 스트레스로부터 우리를 보호한다. 그러므로 십자가는 매일 바라보고 사는 것이며, 매일 품고 살아야 한다. 십자가를 품을 때야말로 우리는 비로소 거센 파도같이 달려드는 세상의 물결에서도 안전할 것이다.

둘째, 십자가의 사랑은 형제를 사랑하게 한다. 우리는 죄 탓에 하나님과 소통의 단절로 이미 죽었던 인생이다. 주님은 화목제물이 되시면서까지 하나님과 멀어졌던 우리의 관계를 십자가로 회복시키셨다. 이 사랑이 십자가 안에 담겨 있다. 십자가는 사랑의 결정체이다. 이처럼 하나님께서 독생자를 내어주기까지 우리를 사랑하셨다는 사실을 기억한다면, 우리 또한 믿음 안에서 형제들을 십자가의 사랑으로 품어야 하지 않겠는가?

"우리가 이 계명을 주께 받았나니, 하나님을 사랑하는 자는 또한 그 형제를 사랑할지니라(요일 4:21).", "누구든지 하나님을 사랑하노라 하고 그 형제를 미워하면 이는 거짓말하는 자니 보는바 그 형제를 사랑하지 아니하는 자는 보지 못하는바 하나님을 사랑할 수 없느니라(요일 4:20)."

예수님의 십자가를 체험한 사람은 반드시 형제를 사랑해야 한다. 그래야 십자가 안에 사는 사람이기 때문이다. 십자가 바라보기를 소홀히할 때 형제를 향한 우리의 사랑 또한 소홀해질 것이다. 십자가의 현장을 목격한 요한이 사랑의 사도가 된 것처럼 우리 모두 십자가의 사랑을 현장에서 목격한 증인으로 서야 하겠다.

[굴뚝 청소]

십자가 현장으로 매일 나아가라

성결의 꽃으로 우뚝 선 십자가 앞에 나오라	십자가를 지기 전에 십자가에 매달린 예수님을 먼저 똑바로 바라보라 (사도 요한과 / 강도의 변화) ① 자신의 죄가 보인다 <사53:5> ② 주님의 압도적인 사랑이 보인다 <고후5:14> ③ 우리의 사명이 보인다 <갈2:20> ④ 용서 받고 해방된 우리의 모습이 보인다 <롬6:18>

성결의 꽃으로 우뚝 선 십자가 그늘에 거하라

설교의 황태자 찰스 스펄전은 청년시절 죄의 문제로 무척 고민했다. 그러던 어느 날 한 평신도의 설교를 듣게 되었다. 그 평신도는 깡마른 체구에 좀 어리숙해보이는 사람이었고 발음도 정확하지 않았다. 그는 좀처럼 고개를 들지 않고 원고를 조용히 읽어나 갔다. "나를 바라보라! 내가 핏방울을 엄청나게 흘리고 있노라. 나를 바라보라. 나는 십자가에 매달려 있노라. 나를 바라보라. 나는 죽었고, 묻혔노라. 나를 바라보라. 나는 다시 일어났노라. 나를 바라보라." 이 말씀이 설교의 황태자를 낳게 했다. 그날 십자가에서 피 흘려 돌아가신 예수님을 만난 후 스펄전은 평생 십자가 중심의 신앙과 삶을 살았다. 그가 이루었던 19세기 부흥의 출발선은 십자가였다. 스펄전의 사역에서 십자가는 부흥의 불을 당기는 휘발유였다.

예수님은 산상수훈을 통해서 제자들과 모인 무리에게 눈은 몸의 등불이라고 말씀하셨다. "눈은 몸의 등불이니, 그러므로 네 눈이 성하면 온몸이 밝을 것이요(마 6:22)." 우리의 몸이 밝은 빛을 발산하려면, 결국 우리가 바라보는 것이 아름다워야 한다는 것이다. 당신이 바라보고 있는 것들이 성결의 꽃으로 피어 우뚝 선 십자가인지, 아니면 세상의 명예와 탐욕과 음란의 것들인지 생각해보라. 당신의 시선이 어떤 곳에 더 집중되어 있는지 살펴보라. 당신의 승리와 실패는 바라봄의 법칙에 좌우됨을 기억하라. 예수 그리스도의 십자가를 바라보면, 그곳에서 흘러나오는 사랑을 보게 될 것이다. 그 사랑이 우리를 감싸줄 것이며, 그 사랑이 우리의 이웃들을 예수 그리스도께로 인도하는 촉매제가 될 것이다.

출애굽 시대의 하나님은 장대에 놋뱀을 만들어 높이 달아 이스라엘 백성에게 보이게 했다. 놋뱀을 만들게 된 배경은 무엇인가? 이스라엘 백성이 광야를 지날 때 하나님의 보호하심에 감사하기보다 불평과 원망을 쏟아놓았기 때문이다. 이스라엘 백성의 원망과 불평이 누적됨으로 하나님은 사랑의 회초리를 들 수밖에 없었다. 그들의 누적된 죄와 원망은 공동체를 와해시키고, 하나님의 능력을 불신하는 커다란 죄로 번져갔다.

민수기 10장 이후에는 어리석은 백성의 불평불만이 넘쳐난다. 하나님을 원망하다가 행진하는 끝에 큰불이 떨어진다(11장). 미리암이 모세를 비방하다가 문둥병자가 된다(12장). 열 명의 정탐꾼의 원망이 나온다(13~14장). 고라 일당이 모세를 원망하고 반역하다가 지진을 만나 몰사하고, 백성이 원망하다가 염병으로 14,700명이 죽는다(16장). 그리고 모세 일생에서 최악의 시간을 맞는다(20장). 미리암이 죽고 백성은 마실 물이 없다고 모세와 아론에게 불평하자, 모세는 화를 내며 반석을 친다. 그 일로 모세와 아론은 하나님의 영광을 나타내지 않아 가나안 땅에 들어가지 못하게 된다. 그 후 같은 혈족 에돔에게 그 땅으로 통과할 수 있도록 부탁하지만 거절당한다. 형 아론도 죽는다. 모세는 아주 힘들고 절망적인 체험을 했지만, 그 자리에 주저앉지 않고 전진한다.

드디어 21장에서 이스라엘 백성은 지름길인 에돔 땅을 통과하지 못하고 돌아오자 또 불평한다. "백성이 하나님과 모세를 향하여 원망하되 어찌하여 우리를 애굽에서 인도해내어 이 광야에서 죽게 하는가. 이곳에는 먹을 것도 없고 물도 없도다. 우리 마음이 이 하찮은 음식을 싫어하노라 하매(민 21:5)." 이스라엘 백성은 하나님과 모세를 너무 많이 원망했다. 지금 힘든 환경만 바라보고, 그 너머에 있는 가나안 땅의 축복은 보지 못한 것이다.

우리는 어떠한가? 하나님의 절대적인 보호와 섭리 앞에서 현실이 조금 힘들고 어려워도 감사하며 살고 있는가? 미래에 대한 소망을 잃지 않고, 낙망하지 않고, 믿음의 경주를 하고 있는가? 작은 불이 큰 산을 태우듯이 당신의 작은 원망이나 푸념 섞인 말들이 당신의 믿음을 퇴보시킬 수 있으니 조심하라. 힘들고 어려운 광야를 지날 때 작은 것부터 감사하며 하나님의 통치에 절대적인 순종의 자세를 취하라. "여호와께서 불뱀들을 백성 중에 보내어 백성을 물게 하시므로 이스라엘 백성 중에 죽은 자가 많은지라(민 21:6)."

불평과 원망이 계속되고 하나님께서 보내신 불뱀들에게 물려 죽게 되자, 당황한 백성은 모세를 찾아와 죄를 뉘우친다. 모세는 하나님 앞에 엎드려 기도한다. "백성이 모세에게 이르러 말하되 우리가 여호와와 당신을 향하여 원망함으로 범죄하였사오니 여호와께 기도하여 이 뱀들을 우리에게서 떠나게 하소서. 모세가 백성을 위하여 기도하매(민 21:7)." 불뱀들을 떠나게 해달라고, 살려달라고 기도하자, 하나님은 모세에게 "불뱀을 만들어 장대 위에 매달아라. 물린 자마다 그것을 보면 살리라(민 21:8)."라고 하셨다. 모세가 놋뱀을 만들어 장대 위에 다니, 뱀에게 물린 자 중에서 놋뱀을 쳐다본 자는 모두 살았다. 놋뱀에 어떤 치료제가 섞여 있어서 백성이 살아난 것이 아니라, 위기 가운데 하나님의 말씀에 순종함으로 불뱀에 물렸음에도 살 수 있었던 것이다.

그렇다면 치료의 능력이 함께한 하나님의 말씀은 무엇인가? 바로 무조건 아무 이유도 묻지 말고 놋뱀을 바라보라는 것이다. 하나님은 지금도 우리에게 말씀하신다. "십자가를 바라보라." 죄 탓에 고통당할 때, 인생의 무거운 짐들 때문에 아파할 때 십자가를 바라보라고 하신다. 독을 가진 불뱀에 물려 죽어가는 이스라엘 백성에게 살 수 있는 유일한 방법이 놋뱀을 바라보는 것 하나뿐이었던 것처럼, 우리가 세상 죄의 독에 물리고 사탄의 유혹에 빠져 죽어갈 때, 유일한 피난처인 성결의 꽃으로 우뚝 선 십자가를 믿음으로 바라보자. 순종하며 바라보자. 감사하며 바라보자. 찬양하며 바라보자. "내가 네 허물을 빽빽한 구름같이, 네 죄를 안개 같이 없이했으니 너는 내게로 돌아오라. 내가 너를 구속했음이니라(사 44:22)."

십자가 능력으로 용서 받고 재발 방지를 위해 힘쓰라

종교개혁자 존 칼빈은 "밝은 빛에 가까이 갈수록 옷에 묻은 더러움이 잘 보이듯이, 하나님께 가까이 나아갈수록 자신의 죄악을 더욱 잘 깨닫게 된다."라고 말했다. 하나님의 거룩함이 우리에게 가까이 다가올수록 우리의 부패함과 죄는 더 선명하게 보이기 때문이다. 빛이 방 안에 들어오면 보이지 않던 먼지들이 방안에 가득함을 보듯이 말이다. 이러한 우리의 더러운 내면이 예수님의 십자가 보혈로 청소될 때, 우리는 세상에서 가장 큰 기쁨을 얻게 된다. 수많은 먼지와 때가 우리 안에 존재했으나, 예수님의 대속의 피가 머리부터 발끝까지 흘러서 우리를 새롭게 하셨다. 형언할 수 없는 최상의 기쁨이 주님의 치유하심에서 온다는 사실을 명심하자.

십자가의 치유 능력은 우리의 질병과 내면의 상처를 만져 치료한다. 두려움에서 해방하며 수많은 죄의 더러움에서도 우리를 씻겨준다. 십자가를 바라봄으로 우리가 치유 받아 자유의 삶을 누리듯이, 십자가의 능력을 사용할 때 우리는 하나님의 더 큰 만지심을 체험하게 될 것이다.

자, 그렇다면 십자가의 능력은 어떻게 우리 가운데 나타나는가? 오직 그것은 죄를 고백할 때 나타난다. "만일 우리가 죄가 없다고 말하면 스스로 속이고, 또 진리가 우리 속에 있지 아니할 것이요 (요일 1:8)." 데릭 프린스 목사는 그의 책 『속죄』에서 거룩한 교환 여덟 가지를 탐구한다. "공의로 말미암아 우리가 받아야 할 모든 악한 것이 예수님의 십자가에 전가되었으며, 예수님의 죄 없는 순종으로 말미암아 그분이 받아야 할 모든 선한 것이 우리에게 주어졌다." 즉 거룩한 교환의 장소가 된 십자가 그늘에서 우리의 주홍같이 붉은 죄들이 주님께로 전가되고, 주님의 용서와 치유의 선한 것들이 우리에게 선물로 주어지는 거룩한 교환이 일어나는 것이다. 십자가를 통한 놀랍고 신비한 영적인 세계가 우리 앞에 활짝 열려 있다. 그 거룩한 교환 장소에서 우리가 해야 할 일은 무엇인가? 그것은 바로 죄를 시인하는 것이다. 틀림없는 죄인임을 인정하고 철저하게 죄인임을 시인하는 것이다.

하나님 앞에 참 의인은 누구인가? 말씀을 완벽하게 지키는 자가

의인인가? 아니다. 성결의 꽃으로 우뚝 선 십자가 그늘로 자주 왕래하는 자이다. 그 십자가 앞에 자신의 무능함과 부족함을 솔직히 내어놓는 자이다. 그 십자가에서 흘러나오는 은혜를 맛본 후 우리는 이렇게 찬양해야 한다. "그 피가, 그 피가 지금 흐르네. 나를 의롭다 하네." 우리가 십자가 앞에서 진실과 정직으로 고백한 죄들은 주님이 몸소 당한 수치와 멸시를 통해 모두 용서받았다. "나를 의롭다 하시는 이가 가까이 계시니, 나와 다툴 자가 누구냐. 나와 함께 설지어다. 나의 대적이 누구냐. 내게 가까이 나아올지어다(사 50:8)."

십자가상의 거룩한 교환 8가지

1. 채찍에 맞아 찢어져 피투성이가 된 허리는 우리 인생의 무거운 짐과 죄의 짐을 내려놓게 하신 주님의 희생을 통한 치유의 선물이다. 그러므로 우리가 느끼고 경험하고 있는 세속의 무거운 짐을 주님 앞에 내려놓고 주님이 주시는 평화와 안식을 경험하라. 이 교환이 필요하다.

2. 머리에 가시관 쓰심은 매일 오만 가지의 근심과 적정과 불안에 눌려 사는 우리의 생각들을 정화해주었다. 가시처럼 우리의 생각을 찌르며, 우리에게 많은 고통과 두려움을 유발한 생각들을 주님은 몸소 머리에 고통을 당하시고 피를 흘려주심으로 치유하셨다. 당신의 삐뚤어진 생각들을 정리하라. 가시관을 쓰셔서 우리의 부정적인 생각들을 새롭게 하신 주님께 감사하라.

3. 주님의 양손에 쇠못 박혀 피 흘린 희생은 우리의 손으로 범한 정직하지 못한 행동들을 용서하시는 주님의 사랑이 담겨 있다. 불로소득을 통해 생존을 유지하려 하는 못된 죄에서 우리를 자유롭게 하셨다. 주님이 주신 손으로 상대를 판단하고 저주한 죄에서 우리를 자유롭게 하셨다. 그러므로 당신의 정직하지 못한 삶을 주님께 드려라.

4. 주님이 양발에 못 박히신 것은 죄의 중독이 되어버린 우리의 발걸음을 멈추게 하기 위해서이다. 빨리 죄를 향하여 달려가고 유혹에 쉽게 넘어지는 발걸음을 멈추게 하셨다. 죄 중독에 빠진 곳에서 속히 나와 주님의 십자가 앞으로 나아가라.

5. 옆구리는 잘 보이지 않는 구석진 곳을 상징한다. 주님이 옆구리를 창에 찔림은 우리의 구석진 곳에 숨겨진 죄까지 모두 씻겨주시는 완전한 대속의 은혜를 보여주신 것이다. 주님은 우리가 회개하지 않고 자복하지 않음으로써 남겨진 죄까지 십자가에서 지워 없애셨다. 당신의 숨겨진 죄를 주님께 아뢰라.

6. 주님의 심장이 파열되어 물과 피가 함께 쏟아짐은 죄 많은 우리를 심장이 터지도록 사랑하신 주님의 깊은 사랑을 보여준 것이다. 우리는 주님이 죽기까지 우리를 사랑하신 것처럼 주님을 사랑하지 않았다. 미온적이고 열정 없는 모습으로 주님께 나아갔다. 주님을 위해 헌신하지 않았던 지난날의 삶을 회개하고 열정을 회복하라.

7. 주님이 운명하시기 전에 마신 쓴잔은 우리의 힘든 고난의 아픔을 홀로 다 담당하시는 우리를 향한 애틋한 사랑이 담겨 있다. 고통의 쓴잔을 마신 것이다. 마지막 운명 전까지도 우리의 고통을 담당하신 주님 앞으로 당신의 쓴 고통의 문제를 주님께 드려라. 주님이 십자가에서 교환하신다.

8. 주님이 골고다 언덕에서 실오라기 하나 걸치지 않고 십자가에 매달려 돌아가신 것은 우리의 부끄러운 수치를 홀로 담당하시어 우리의 상처를 싸매주시기 위함이었다. 많은 사람 앞에서 예수님은 다 벗겨졌다. 수치를 당하신 것이다. 우리는 어린 시절부터 받아온 상처와 수치를 무의식중에 표현할 때가 있다. 생각하기도 싫을 정도로 큰 수치심이 우리 내면 가운데 자리 잡고 있다. 이러한 기억들을 주님의 십자가 앞에 다 쏟아놓아라. 주님이 치료하신다.

십자가의 능력은 우리가 죄인임을 고백할 때 나타난다. 그리고 주님이 대신 지신 십자가의 대속의 은혜가 나타나 거룩한 교환을 통해 우리를 새롭게 하셨다. 앞으로도 거룩한 교환을 위해 십자가 은혜의 자리를 자주 방문해야 한다.

이렇게 거룩한 십자가의 은혜를 힘입어 용서 받고 치유 받은 영혼은 옛 사람의 모습과 옛 자아의 세계로 다시는 돌아가지 말아야 한다. 이를 위해 세속적인 삶으로의 회귀를 적극적으로 단절하기 위한 재발 방지 노력이 필요하다. 예수님의 공생애 기간에 이루어진 3대 사역 중 하나는 더러운 영에 속박되어 고통당하던 불쌍한 영혼들을 치유하신 사역이었다. 그 악한 영들의 침투는 그들의 죄로 인해 강화되어 심각한 육체적, 정신적인 고통을 안겨주었다. 예수님은 베데스다 못에서 38년 동안 병으로 고생하는 자를 치유하신 후 "더 심한 것이 생기지 않게 다시는 죄를 범하지 말라(요 5:14)." 하시고, 간음하다가 현장에서 걸려 잡혀온 여인에게 "나도 너를 정죄하지 아니하노니 가서 다시는 죄를 범하지 말라(요 8:11)." 라고 말씀하셨다. 이렇게 여러 번 죄에 대한 심각성과 후유증에 대해 강조하셨다. 죄가 다시 들어와 육체와 정신을 피폐하게 하는 모든 통로를 막고, 예수님의 말씀으로 채우는 삶을 필수적으로 살아내라는 예수님의 가장 확실한 처방전이었다.

많은 신앙인들이 예수님을 만나 자유와 기쁨을 경험한 후, 그 기쁨과 자유를 계속 유지하는 데 많이 실패한다. 그 이유는 여러 가지가 있겠지만, 가장 핵심적인 원인은 또다시 옛 사람의 자리로 돌아가거나 죄의 통로를 열어놓기 때문이다. 우리는 2천 년 전에 예수님이 말씀하신 "다시는 매임과 억압을 안겨준 죄를 범하지 말라"는 말씀을 반드시 기억해야 한다. 말씀과 성령의 조명을 받아 반복되는 죄의 길로 가는 걸음을 멈추어야 한다.

초등학교 1학년 시절, 나는 이불에 지도를 그려서 딱 한 번 호된 신고식을 무섭게 치른 적이 있다. 키를 쓰고 소금을 받으러 어머니가 지정해준 동네 어르신 집에 갔는데, 아주머니가 얼마나 야단을 치고 수치를 주셨는지, 지금도 끔찍한 기억으로 남아 있을 정도다. 그 후 나는 단 한 번도 이불에 지도를 그리지 않았다. 한 번의 수치와 부끄러움이면 충분했다. 마찬가지로 우리는 연약하여 실수를 연발하고 죄를 습관처럼 짓고 살 때가 자주 있다. 이러한 악습관을 연약함이라는 핑계로 방치하고 살아간다면 우리는 언제나 죄의 그늘 아래 머무르게 된다.

카지노에는 세 가지가 없다고 한다. 거울과 시계, 그리고 창문이다. 거울을 설치하지 않는 목적은 탐욕과 절망으로 찌든 자신의 피폐해진 모습을 돌아보지 못하게 하기 위함이며, 시계와 창문을 볼 수 없게 한 이유는 시간이 어느 정도 흐르고 있는지 알지 못하게 하여 오직 도박에만 집중할 수 있게 하기 위함이라고 한다.

이와 비슷한 작전으로 사탄은 성도들의 삶에 집요하게 개입하여 신앙의 눈을 가리려 한다. 계속적인 속임수로 하늘의 소망을 보지 못하게 하고, 땅에 것에 연연하고 집착하게 만들어간다. 그러므로 믿음의 사람은 카지노에 숨어 있는 세 가지 올무에 걸려서는 안 된다. 말씀의 거울에 날마다 자신의 모습을 살펴야 한다. 흐트러진 모습을 다잡고 말씀이 지시하는 방향으로 걸어가야 한다. 말씀을 직면해야 한다. 말씀의 정확한 판단 앞에 순종해야 한다. 또한 하나님의 시간표에 맞추어 힘차게 움직여야 한다. 세월을 아끼고 하나님이 주신 승리의 기회와 회복의 시간을 놓쳐서는 안 된다. 그리고 하늘의 창문을 열어 하나님의 세계 경영과 우리에게 행하시는 일들을 바라봐야 한다.

또한 성도인 우리가 말씀을 통해 유의해야 할 것은 죄에 대한 성찰과 죄에 대한 재발 방지에 힘쓰는 것이다. 그렇지 않는다면 나중 형편이 이전보다 더욱 심하게 된다는 사실을 기억해야 한다. 마태복음 12장 마지막 부분에 나오는 더러운 귀신 비유를 통해 우리는 재발 방지의 중요성을 깨닫게 된다. 한 사람 안에 있던 더러운 귀신이 그 사람에게서 떠난 후 쉴 곳을 찾지 못하다가, 다시 그 사람 안으로 들어와보니 그 집이 비고 청소되고 수리되어 있는 사실을 알고, 저보다 더 악한 귀신을 일곱이나 데리고 그 사람을 점령해버렸다. 그러니 그 사람의 형편은 이전보다 더욱 심각하게 되었다.

이 사건을 통해 예수님은 이 세대와 우리에게 무엇을 말씀하고 계신가? 그 중심 메시지는 자신의 마음과 영혼을 말씀으로 채우라는 것이다. 사람의 마음에 하나님이 없고 말씀이 없다면 귀신들에 대해 무방비에 놓이게 된다. 귀신은 더럽고 아무것도 없이 텅 빈 내면을 가진 사람들을 목표로 삼고 그곳에 들어와 주인 노릇하려 한다. 말씀으로 방비하지 못하거나 자신의 주인을 예수님으로 모시지 못하면, 귀신들은 언제든지 사람들의 마음에 들어와서 조종하고 주인 노릇하며, 억압하고 삶의 형편을 메마름과 고통으로 악화시킨다. 그 세력들은 하나에서 일곱으로 더 강해진다.

예수님은 이 비유 말미에 이 악한 세대가 또한 이렇게 될 것임을 천명하셨다. 그러므로 이 말씀은 현대를 살아가는 성도들에게 강조되어야 한다. 말씀이 우리 안에 채워지지 않거나 성령의 통치를 받지 못하는 경우에 나타나는 참상이 얼마나 심한지를 심각하게 고민해봐야 한다. 베드로후서 2장에서 사도 베드로는 흩어진 나그네들에게 거짓 교사와 거짓 선지자에게 속지 말기를 간절히 당부하며 이렇게 권면한다. "만일 그들이 우리 주 되신 구주 예수 그리스도를 앎으로 세상의 더러움을 피한 후에 다시 그중에 얽매이고 지면 그 나중 형편이 처음보다 더 심하리니(벧후 2:20)."

성도는 세상의 더러움에서 예수님의 십자가 사랑으로 신속하게 피했다. 그러므로 이제는 옛 사람의 자리로 다시 돌아가거나 그곳에 머물러서는 안 된다. 그러나 많은 사람들이 다시 더러운 곳으로 발걸음을 옮긴다. 이스라엘의 참된 속담에서는 그들을 이렇게 말한다. "개가 그 토하였던 것에 돌아가고 돼지가 씻었다가 더러운 구덩이에 도로 누웠다 하는 말이 그들에게 응하였도다(벧후 2:22)." 이제 이 악한 세대에 우리가 힘써 싸울 영적 전쟁은 뒤돌아서지 않는 것이다.

다시는 죄의 늪에 빠져가지 않도록 재발 방지에 힘써야 한다. 나는 영 분별의 사역을 하면서 이전 형편보다 지금 형편이 더 심하게 어려워진 분들을 자주 보았다. 대부분 영적 방임을 통해 형편이 어려워졌음을 발견하게 되었다. 그럴 때 나는 심각한 상태에 이르기까지 방치한 자신의 어리석음을 주님 앞에 철저하게 회개하고, 다시 주님의 긍휼을 바라고, 여러 가지 처방전을 활용하여 며칠 동안, 때로는 몇 달 동안 기도하여 결국 악한 영들을 추방했다. 그리고 예수님의 말씀으로 그들에게 이렇게 권면했다. "네가 나았으니 더 심한 것이 생기지 않게 다시는 죄를 범하지 말라(요 5:14)."

죄악을 멀리하기 위한 재발 방지 기능 중에 또 하나의 지침은 죄를 미워하는 것이다. 사도 베드로는 주님을 세 번 부인하고 그 죄로 인해 통곡할 때마다, 주님을 부인한 죄에 대해 회개하고 가슴을 쳤을 것이다. 그렇게 가슴을 치고 아파할 때처럼 깨어 있는 믿음을 계속 소유하고 유지한다면, 결코 쉽게 죄의 유혹에 노출되거나 넘어지지 않을 것이다. 그 한 번의 통회와 아픔의 눈물은 죄를 더 미워하게 하는 역할을 톡톡히 한다.

[정직한 자의 기도]

기도하기 전, 자신의 마음을 점검하라 (회개의 눈물은 정결의 약품이다)	먼저 깨끗하고, 정직한 자가 되길 힘쓰라
"내가 내 마음에 죄악을 품었더라면 주께서 듣지 아니하시리라" <시편66:18> "내가 너희를 모든 죄악에서 정결하게 하는 날에 성읍들에 사람이 거주하게 하며 황폐한 것이 건축되게 할 것인 즉" <겔36:33>	"정직한 자의 기도는 그가 기뻐하시느니라" <잠15:8> <시84:11> "주를 향하여 이 소망을 가진 자마다 그의 깨끗하심과 같이 자기를 깨끗하게 하느니라" <요일3:3> "주의 눈은 의인을 향하시고 그의 귀는 의인의 간구에 기울이시되" <벧3:12>

3.
영적인 싸움에 주도권을 잡아라

우리 민족의 전통 스포츠의 하나인 씨름은 샅바 싸움이 치열하다. 샅바 싸움에서의 주도권이 승리의 60%를 가늠한다. 그래서 그런지 선수 간에 샅바 싸움의 공방이 지루하게 이어진다. 주도권 싸움은 이와 같이 성도들에게도 매우 중요하다. 그 주도권은 오직 기도에 전념하는 자에게 성령을 통해 강화된다. 기도 외에 다른 것으로는 마귀의 세력을 추방시킬 수가 없기 때문이다.

마가복음 9장에는 흉악한 귀신에 사로잡혀 불과 물에 자주 던져진 말 못 하고 못 듣는 한 아이의 치유사건이 나온다. 이 사건에 나오는 등장인물들은 다양하다. 변론하기를 즐기는 열매 없고 잎만 무성한 무화과나무 같은 서기관들과, 열정과 패기로 쉼 없이 귀신과의 싸움을 시도하지만 여전히 주도권을 거머쥐지 못하는 9명의 제자들, 그리고 어떻게든 자식을 살려보려고 예수님에게 나아가 "내가 믿나이다. 나의 믿음 없는 것을 도와주소서."라고 외치는 아이의 아버지가 등장한다. 이 상황에서 모두가 주도권을 쥐고, 어떻게든 이 상황을 신속히 정리하고 싶었을 것이다. 하지만 난감하고 어수선한 이 상황을 종료시킨 분은 예수님이셨다. 예수님은 이 사건을 통해 몇 가지 교훈을 남기셨다.

첫째, 믿음이 없는 세대를 책망하셨다. 제자들부터 서기관과 무리들을 모두 망라하여 그들의 믿음 없음을 지적하셨다. "얼마나 너희와 함께 있으며 얼마나 너희에게 참으리요." 지금까지 예수님의 가르침에 충실하여 기도를 통해 믿음을 견고히 했다면 충분히 승리할 수 있는 싸움이었는데, 쩔쩔매는 모습에 예수님은 화가 나셨다. 이러한 결전의 시간이 올 것을 예측하시고, 믿음의 정진과 기도훈련의 매뉴얼을 제공하셨지만, 9명의 제자들은 더러운 군대 귀신을 내쫓기에는 역부족이었다. 결국 주님이 앞장서서 아이를 데려오라 하시며, 긴장한 제자들과 변론의 대가 서기관들, 그리고 아이의 아버지 앞에서 더러운 귀신을 꾸짖어 추방하셨다. 예수님은 그 아이가 귀신에 접촉된 시점을 파악하셨고, 그 귀신의 정체 또한 구체적으로 다 알고 계셨다. 그리고 마지막으로 그 귀신을 정면으로 바라보고 명하셨다. "그 아이에게서 나오고 다시 들어가지 말라(막 9:25)."

둘째, 기도는 믿음을 동반해야 함을 가르치셨다. 예수님은 밤낮으로 쉬지 않고 하나님을 향해 있었다. 삶이 기도셨고, 기도가 삶이셨다. 하나님의 능력을 공급받은 준비된 치유 사역자셨다. 제자들은 궁금하여 예수님께 여쭈었다. "어찌하여 우리는 능히 그 귀신을 제압하지 못했습니까?" 주님은 단 한마디로 일축하셨다. "기도 외에 다른 것으로는 이런 종류가 나갈 수 없느니라." 무슨 무익

한 변론이나 믿음이 동반되지 않는 기도는 결코 이 악한 세력을 추방할 수 없다는 말씀이셨다.

영적인 싸움의 주도권은 기도에 있다. 그 기도는 하나님의 능력을 덧입는 기도이다. 항상 쉬지 않고 하는 기도이며, 확실한 믿음을 동반한 선포기도이다. 제자들이 그동안 줄곧 해왔던 기도의 자세, 기도의 시간과 범위, 기도 응답에 대한 확신이 다시 한 번 수정되는 순간이었다.

나는 굴뚝기도세미나를 8차까지 진행하면서 기도의 중요성을 매번 강조해왔다. 성도가 기도하지 않으면 하늘의 보급로가 차단되어 위로부터 부어지는 성령의 능력을 공급받지 못한다. 사탄은 이와 같은 상황을 만들기 위해, 성도들의 무릎기도 시간을 빼앗기 위해 부단히 노력한다. 분주함과 바쁨의 함정과 성공제일주의 수렁에 성도들을 빠뜨려 기도생활과 영적 싸움에 한눈팔게 하여 주도권을 쉽게 거머쥐려 한다.

주도권을 넘겨주면 성령의 이끄심과 통치를 벗어나 세속적인 욕망을 따라 살아가게 된다. 이러한 답답한 상황이 도래하지 않기 위해서는 날마다 깨어 하나님과 소통의 시간을 가져야 한다. "만물의 마지막이 가까이 왔으니 그러므로 너희는 정신을 차리고 근신하여 기도하라." 마지막 때는 정신을 차리는 사람과 근신하는 사람이 성령 안에서 삶의 주도권을 갖게 된다.

하나님은 하나님의 형상과 모양을 따라 사람들을 창조하시고, 그들에게 복을 주시며, 생육하고 번성하며 땅에 충만하고 정복하라고 말씀하셨다. 이러한 하나님의 기대와 꿈은 아담과 하와의 언약 파기로 인해 점점 약화되었다. 그럼에도 하나님은 하나님이 직접 말씀으로 창조하신 세상에 여전히 하나님의 나라가 확장되기를 원하신다. 우리가 예수님의 대속의 은혜를 온전히 경험하고 초대교회에 임하셨던 성령의 충만한 임재를 경험한다면, 전 세계를 향한 하나님 나라의 복음 확장은 계속 이어져갈 것이다. 성령의 통치를 받고 하나님의 말씀을 따라 순종하며 나아간다면, 우리는 거짓 왕국을 이 땅에 불법으로 짓고 있는 사탄의 세력들을 점점 추방하는 가운데, 하나님의 몸 된 교회는 그 외연을 더 확장해나갈 것이다.

우리가 하나님을 대적하는 악한 영의 세력들과 총력전을 펼쳐야 하는 이유는 싸움의 주도권을 끝까지 놓지 말아야 하기 때문이다. 주도권은 싸움의 승패를 결정하는 중요한 원인이다. 나의 믿음이 연약하고 영적인 분별력마저 약해졌을 때, 나는 쉽게 낙심하거나 넘어지는 일들을 자주 경험했다. 그 가운데 가장 자주 반복된 연약함의 극치는 악한 영의 접근을 눈치 채지 못한 것이었다. 그로 인해 나의 열등감과 나의 약한 성품을 이용하거나 성도들과의 오해를 부추기는 것에 속수무책으로 넘어지는 아픔을 경험했다. 그러나 성령께서 내 영혼을 불쌍히 여겨 영적인 분별력을 선물로 주신 후에는 낙심하는 일이나 유혹에 넘어지는 일이 현저히 줄어들었다.

사탄은 사람들의 마음과 육체를 이용하여 상대방을 공격하는 전문가다. 수많은 오해를 만드는 기술이 탁월하고, 거짓 아비의 이름에 걸맞게 이간질로 사회와 나라를 어지럽게 한다. 요즘은 가짜 뉴스와 음모론이 빈번하게 뉴스에 등장하며, 사실과 다른 유언비어들이 빠르게 퍼져가고 있다. 그렇다면 어둠의 세력은 어떻게 주도권을 쥐고 왕성하게 활동하고 있는 것일까? 우리는 악한 영들의 활동을 구체적으로 분석하고 그 영향력들을 유심히 관찰해봐야 한다. 그들이 어떻게 세상과 사람들을 지배하고 있는지 심층 분석해야 한다. 그 분석 결과를 함께 공유해야 한다. 그럴 때 우리는 사탄의 침투를 원천봉쇄할 수 있다. 이것은 우리가 풀어가야 할 필수과제이다.

거룩하지 못한 곳을 서성이지 마라

근대 법의학의 아버지라 불리는 프랑스의 에드몽 로카르는 "모든 접촉은 흔적을 남긴다."라는 격언을 남겼다. 마찬가지로 성경은 부정한 것에 노출되어 그것을 접촉하는 사람들과 거룩한 성령과의 친밀한 접촉 안에 있는 성도들이 남긴 흔적을 적나라하게 표현하고 있다.

2020년 2월 대한민국에 온통 코로나19 감염증이 대유행하면서 국민 모두가 두려움에 휩싸이게 되었다. 이곳 저곳에서 코로나19 감염증에 노출되어 확진자가 속출했다. 교회마다 온라인 예배를 드리며 바이러스가 속히 종식되기를 기도했다. 대한민국 국민들은 개인 건강과 공중보건을 위해 모두 마스크를 사용하며 코로나19 감염증에 철저하게 대비했다. 교회에서도 예배를 드리며 모두 마스크를 착용했다. 불필요한 접촉을 피하기 위해 악수 대신 목례로 인사했으며, 셀 모임과 식사 시간까지도 중단하며 바이러스가 더 이상 활성화되지 않도록 철저히 방비했다.

마찬가지로 성도는 영적인 죄의 바이러스 또한 철저히 방비하는 것이 현명하다고 본다. 혹시 모를 코로나19 바이러스의 감염을 막기 위해 마스크를 즉시 사용하듯, 죄의 바이러스의 침투에 맞서기 위해서 성도는 믿음의 전신갑주를 입고 기도로 정신 무장해야 한다. 그리고 확진자가 발생하면 그 동선을 파악하듯이, 죄의 이동경로 또한 철저히 파악하여 그 죄와의 거리두기를 해야 한다. 성령님은 기도하는 자에게 이러한 죄와의 대결구도에서 이기고 피할 수 있는 구체적인 지혜를 주신다. 또한 기도하는 자는 영적 분별력이 강해져서 죄가 잠복되어 있는 곳에 서성이지 않게 하신다.

신앙인 중에 더러는 '미안하다' 혹은 '후회한다'라는 말을 '회개한다'라는 말과 혼동하는 경향이 있다. 물론 '회개한다'라는 말 속에는 후회가 가미된 정서적인 요소가 포함되어 있는 것도 사실이다. 하지만 근본적으로 회개는 의지와 행동의 변화를 나타내는 말이다. 이 단어의 의미를 가장 적절하게 나타내는 말이 있다면, 군사 명령어인 '뒤로 돌아!'이다. 죄의 방향으로 가고 있는 삶의 방식을 180도 바꾸어, 즉 가던 방향에서 '뒤로 돌아' 하나님이 원하시는 방향으로 가야 한다고 말하는 것이다. 이처럼 참된 회개는 미안함이나 후회가 아니라, 삶의 방향을 근본적으로 바꾸는 문제이다. 그러므로 당신은 하나님의 말씀이 당신을 구별하고 분리해주는, 부르신 그곳에서 성령님과 거룩한 접촉을 이어가며 죄와의 접촉을 단절하는 삶을 추구하며 살아가야 한다.

성경은 피 흘리도록 싸워 이겨야 할 것이 있고, 아예 피해야 할 것이 있음을 말해준다. 싸워야 할 것을 피하거나 피해야 할 것을 싸우려 한다면 패망하게 된다. 하나님은 피해야 할 대표적인 것으로 '정욕'을 말씀하셨다. "또한 너는 청년의 정욕을 피하고 주를 깨끗한 마음으로 부르는 자들과 함께 의와 믿음과 사랑과 화평을 따르라(딤후 2:22)." 여기서 '피하다'의 원어적인 의미는 그 정욕의 자리와 분위기 속에서 '박차고 일어나라'는 뜻이다. '신속히 달아나라'는 메시지다. 소돔과 고모라에서 롯이 심판의 불을 피해 뒤돌아보지 않고 신속히 달아나듯, 요셉이 보디발 아내의 집요한 음란의 유혹을 뿌리치고 도망가듯, 그렇게 피하라는 의미이다. "그 여인이 요셉이 그의 옷을 자기 손에 버려두고 도망하여 나감을 보고(창 39:13)."

성도는 하나님의 말씀과 다른 행동에 동조하지 않고, 타협과 협상을 거부하고, 그 자리를 피해 달아나야 한다. 세속의 정욕과 아름다움에 방향감각을 잃고, 여러 가지 면에서 동조하고 타협하는 길을 모색하고 있는 성도들이 있다면, 정욕으로 공격해오는 사탄의 공격에 적극 대피해야 한다.

이런 이야기가 있다. 어떤 수도사가 세상이 너무나 그리워서 몰래 수도원을 빠져나와 음란한 영화를 상영하는 극장에 들어갔다. 너무도 추잡한 영상이 스크린에 가득했다. 그래서 이 수도사는 영화를 보면서 계속 기도했다.

"마귀야, 물러가라. 물러가라!"

그러자 마귀가 나타나서 이렇게 말했다고 한다.

"여기는 내 영역인데 왜 네가 와서 나를 나가라고 하느냐?"

그런 곳에 가서 믿음으로 이기려 하지 말고, 그런 장소에 가지 않는 것이 현명한 길이다.

잠언서에 이런 말씀이 있다. "사람이 불을 품에 품고서야 어찌 그의 옷이 타지 아니하겠으며 사람이 숯불을 밟고서야 어찌 그의 발이 데지 아니하겠느냐(잠 6:27-28)." 넘어지지 않으려면 미끄러운 곳에 가지 말아야 한다. 불에 데지 않으려면 불을 피하는 것이 가장 현명하다. 죄악의 자리에 있으면서 "시험에 들지 말게 하옵소서."라고 기도하는 것은 미련한 기도다.

나는 20년 전에 기도골방에서 조용히 묵상하는 가운데 비몽사몽간에 환상을 보았다. 선하고 인자하게 보이는 목사님 같은 분이 환상 가운데 나타나 "마태복음 13장 13절을 펴서 읽어라."라는 메시지를 주셨다. 나는 환상에서 깨어 곧바로 성경책을 펴서 읽었다. 처음에 이 말씀을 읽고 든 생각은 '성경에는 좋은 말씀들도 많은데, 왜 나의 마음에 별로 와닿지 않는 말씀을 주셨을까?'라는 것이었다. 그리고 또한 이 말씀에 어떤 의미가 담겨 있는지 이해할 수 없었다.

그러나 성령은 영적 분별력이 약한 나를 깨우쳐서 3년 정도 시간이 흐른 후에 마태복음 13장 13절의 말씀이 나의 사역에 모토가 될 것이라는 감동을 주셨다. 그 후 말씀을 통한 시대적 분별과 영들의 분별을 알게 하는 은사를 선물로 받았고, 그 은사는 점점 강화되어갔다. 예를 들면 절이나 도시 한복판에 있는 원불교 교당, 또는 점치는 무당집을 지나가다 보면, 그곳이 악한 영들이 운집해 있는 집합소임을 알게 되었다. 그리고 정신분열 환자나 우울증 환자, 귀신에 사로잡힌 사람들을 만나면, 그 사람을 괴롭히는 영들을 분별할 수 있었다. 더 나아가 미디어를 통한 사탄의 공격과 교회 안에 침투한 혼탁하고 어두운 영들이 존재하는 것들을 분별하게 되었다.

성경에서 말하는 어둠의 장소, 그리고 어둠의 사람들을 덮고 있는 악한 영들이 실제적으로 활동하고 있다는 것을 감지할 수 있었다. 이렇게 사탄은 세상 한복판에서 실제적으로, 보이지 않게 곳곳에서 활개 치며 부지런히 활동하고 있다는 사실을 성령께서 은혜로 주신 영 분별의 은사를 통해 확인할 수 있었다. 그 가운데 성경에서 말하는 어둠의 주관자들의 영적인 세계에 조금씩 눈을 뜨게 되었다. 결국 우리는 사탄의 직·간접적인 영향을 받으며 살고 있기에, 항상 깨어 성도들을 죄악으로 오염시키려는 사탄의 작전에 속아서는 안 된다.

나는 사탄의 능력을 과대평가하지 않는다. 하나님의 능력과 항상 함께하시는 성령의 능력을 드높일 뿐이다. 다만 성경이 말하는 사탄의 침투 경로를 확인하고, 그 피해를 최소화하고자 하는 마음으로, 성도가 서야 할 자리와 서지 말아야 할 자리를 구별하고자 한다. 성경은 세상을 바벨론으로 묘사하고 있다. "힘찬 음성으로 외쳐 이르되 무너졌도다 무너졌도다 큰 성 바벨론이여 귀신의 처소와 각종 더러운 영이 모이는 곳과 각종 더럽고 가증한 새들이 모이는 곳이 되었도다(계 18:2)."

세상은 지금도 여전히 우상들의 집결지이며, 귀신들이 활기차게 활동하는 처소이다. 우리 주 예수님이 말씀하신 것처럼 이리가 득실득실한 곳이다. "보라 내가 너희를 보냄이 양을 이리 가운데로 보냄과 같도다 그러므로 너희는 뱀같이 지혜롭고 비둘기같이 순결하라(마 10:16)." 이러한 어둠 주관자들의 영향력이 팽배한 시대를 살아가는 우리는 어찌하든지 하나님의 전신갑주를 반드시 입어야 한다. 어느 한 부분이라도 무장이 덜 된다면, 사탄의 불화살은 거침없이 날아올 것이다.

10년 전 이야기다. 내가 처음 전도사로 사역을 시작했던 교회는 장로교에서도 보수적인 교단으로 소문난 고신이었다. 주님은 말씀 중심의 교단에서 나를 훈련하셨다. 담임목사님이 선교 중심적인 목회를 하셨기에 선교 사명을 감당하기 위해 중국에 자주 가셨다. 목사님의 빈자리를 채우는 일은 설교로부터 시작되었다.

그러던 어느 날 수요기도회 설교를 나름 열심히 하고 있는데, 갑자기 영적인 충격이 다가왔다. 설교 원고가 잘 보이지 않고 머리가 어지러워지면서 강단에 서 있는 것조차 힘들어졌다. 나는 정신을 차리려 애써봤지만 평정심을 찾기 어려웠다. 마침 설교가 거의 끝나갈 무렵이었기에 서둘러 마치고 강단에서 내려왔다. 도대체 왜 갑자기 이런 일이 일어난 것일까? 호기심과 함께 두려움이 밀려왔다.

혼자서 고민하고 있는데, 그 이유가 무엇이었는지 성령께서 주신 지혜로 밝혀졌다. 그 이유는 대학교 졸업여행으로 태국여행을 다녀온 청년 때문이었다. 그 청년이 사는 지역은 내가 섬기는 교회와 멀리 떨어져 있어, 그 청년은 수요기도회에 거의 참석하지 않았다. 그런데 그 청년은 태국여행을 다녀온 후, 갑자기 자기도 이해하기 힘든 두려움이 엄습해오면서 며칠 동안 잠을 자지 못했다고 했다. 그래서 청년은 너무 무섭고 두려워서 거리는 멀지만 오늘만은 수요예배를 드리려고 한걸음에 달려왔다고 했다.

이러한 현상이 우리 모두에게 똑같이 일어나는 것은 아니지만, 가끔 하나님은 보이지 않는 영적 실체들의 활동 상황을 느끼고 알게 하신다. 나는 그 청년이 우상의 도시에 여행을 가서 며칠 동안 머물렀던 과정에서 사탄에게 영적인 공격을 당했음을 알 수 있었다. 나는 곧바로 청년을 위해 기도하면서 이렇게 두려움에 휩싸인 원인을 말해주었고, 작정하여 기도하기를 권면했다.

그 청년은 다른 멘토들에게 내가 말한 영적인 실체에 대한 이야기를 나누었더니, 나의 권면이 성경적이지 않다고 말했다고 했다. 우리 안에 성령이 계시기 때문에 사탄은 결코 들어올 수 없다고 정의를 내렸다고 했다. 그래서 나는 어쩔 수 없이 더 이상 청년에게 영적인 실체에 대하여 말하는 것을 중단했다. 왜냐하면 우리 모두가 그렇게 배우고, 그렇게 알고 있었기 때문이다. 만약에 나조차도 영 분별의 은사를 경험하지 못했다면, 결코 이해되지 않는 소설 같은 이야기로 치부했을 게 불 보듯 뻔했기 때문이다.

이 사건을 통하여 우리가 교훈삼아야 할 것은, 우리가 어디를 가든 하나님께 미리 기도해야 한다는 사실이다. 특히 세계 여행을 다니게 될 때는 우상의 처소가 주변에 즐비하기 때문에 하나님의 돌보심을 바라는 기도를 하고 떠나야 한다. 여행 중에도 쉬지 않고 기도로 무장해야 한다. 이와 같이 수많은 어둠과의 접촉으로 인해 고통 받는 분들을 나는 많이 보았고, 그들이 신속히 그 영향력에서 벗어나 정결하게 되는 것도 많이 보았다.

몇 해 전이었다. 교회 청년들 중에 아직도 제사를 끊지 못해 아버지를 따라 제사 드리는 곳에 참여하는 한 청년이 있었다. 그 청년은 평상시에 나와 대화할 때나 교회생활을 하는 모습에는 항상 감사가 있고, 평안이 넘치는 삶을 살았다. 그런데 어느 날 머리가 아프고 몸이 쑤신 상태가 며칠씩 지속되자, 나를 찾아와 자기 누나도 똑같이 아프다고 했다. 병원을 가서 치료와 약 처방을 받아도 별 효과가 없다고 했다. 나는 성령에게 조명을 구하고 기도하는 가운데 그 청년이 아프게 된 이유를 찾아냈다. 분명 영적인 문제임이 확실했다. 그래서 나는 청년에게 "며칠 사이에 어딜 갔다 온 적이 있느냐?"라고 물었다. 그 청년은 아버지를 따라 묘를 이장하는 곳에 가서 제사를 드린 이야기를 해주었다. 그 제사를 드릴 때 무속적인 행위가 있었다고 했다.

제사는 귀신에게 드리는 것이다. 제사를 드리는 곳엔 어둠의 영들이 모여든다. "무릇 이방인이 제사하는 것은 귀신에게 하는 것이요 하나님께 제사하는 것이 아니니 나는 너희가 귀신과 교제하는 자가 되기를 원하지 아니하노라(고전 10:20)." 제사는 귀신과 접촉하는 행위이다. 그 어둠의 장소에 참여했을 때 분명 귀신들의 영향을 받게 된다. 그 영향력은 온전한 회개를 동반하지 않거나 제사 단절이 이루어지지 않을 때 지속적으로 힘을 발휘한다.

나는 몇 달 전 악한 영에 의한 공격을 당한 한 권사님을 위해 자주 심방을 가서 기도한 적이 있었다. 그 어둠의 세력이 권사님에게 침투하여 몇 달을 두려움에 사로잡혀 고통 속에 보내셨다. 그 권사님을 위해 기도할 때마다 권사님을 둘러싸고 있는 영들의 강함을 감지할 수 있었다. 분명 이 영적 싸움은 장기전이 될 수 있겠다는 생각이 들었다. 그 가운데 성령은 그분이 언제부터 이렇게 어둠의 세력들에게 영향을 받고 지내왔는지 나에게 조목조목 가르쳐 주셨다. "예수께서 그 아버지에게 물으시되 언제부터 이렇게 되었느냐 하시니 이르되 어릴 때부터니이다(막 9:21)."

그 원인은 권사님의 과거에 있었다. 그리고 근래에 또 다른 죄와의 접촉을 통해 더 강해진 것이다. 주님은 권사님을 사랑하셔서 그가 더 이상 사탄에 의해 고통당하지 않도록 나를 통해 어둠의 실체를 보게 하시고, 축사하는 시간을 신속하게 진행하셨다. 그 후 두 달 정도가 지나 권사님은 두려움과 고통을 안겨주었던 세력에서 예수님의 보혈의 능력으로 완전히 자유롭게 되었다. 그렇게 치유 받은 기쁨과 감사로 가득한 권사님이 하루는 나에게 이렇게 말했다. "목사님, 저는 예수님만 믿으면 다 끝나는 줄 알았습니다. 나의 지난날의 죄에 대한 것도 그냥 다 사라지는 줄 알았습니다."

왜 권사님이 이 부분에 대해 궁금해하면서 나에게 진지하게 묻게 되었는지 나는 짐작할 수 있었다. 영적 싸움에서 승리하기 위해 나는 권사님에게 21일 작정기도를 권면했다. 그 작정기도 매뉴얼에는 회개의 기도가 들어 있었다. 지난날에 우상을 섬겼던 죄와 요즘 믿음으로 살지 못한 죄들을 철저히 회개하기를 권면했다. 왜냐하면 이렇게 강하고 더러운 영이 권사님에게 침투한 원인은 아직도 온전히 회개하지 않은 죄의 문제가 숨겨져 있었기 때문이다. 주님은 온전히 회개할 때 치료하시고, 어둠의 영은 한 길로 왔다 일곱 길로 떠나간다. 이제 권사님은 어둠의 영향력 아래에서 멀어지고, 하나님과 아주 가까워진 삶을 새롭게 시작하고 계신다.

대체로 우리가 믿음이 강하고 성령 안에서 든든히 서 있을 때는, 비록 귀신들이 왕성하게 활동하는 곳에 우리가 머물지라도 크게 요동하거나 그들의 영향력에 휩쓸리지 않는다. 하지만 처음부터 어둠의 영들이 활개 치는 곳은 지혜롭게 피하라고 말하고 싶다. 마치 요셉이 보디발의 아내의 유혹을 정면으로 싸우기보다 그 자리를 신속히 피했던 것처럼 말이다. "오직 너 하나님의 사람아 이것들을 피하고 의와 경건과 믿음과 사랑과 인내와 온유를 따르며(딤전 6:11)."

나는 영적인 전쟁은 접촉으로부터 승패가 좌우된다고 생각한다. 성령과 오랫동안 몰입하고 접촉하여 하늘의 능력을 공급받는 삶을 영위하느냐, 아니면 사탄의 처소에서 오랫동안 머물며 부정한 접촉을 하느냐에 따라, 신앙 성장과 성숙의 격차가 결정되기 때문이다. 당신이 지금 접촉하고 있는 것들을 자세히 살펴보기 바란다. 레위기에서 말씀하신 선민 이스라엘의 철저한 분리와 구별은 세상 한복판에서 자신들을 지키고 하나님의 보호를 받는 중요한 결단이었다.

나는 오염된 접촉에 전염된 주위의 많은 사람들을 보고 만난다. 특별히 교만의 영과 음란의 영에 노출된 목회자들을 가끔 본다. 그분들이 기독교 방송에 나와 설교를 하면 나는 채널을 바로 돌린다. 자신을 말씀으로 컨트롤하지 못하고, 성령이 보내는 회개의 사인을 눈치 채지 못한 가운데 설교하는 모습이 안타까워보이기 때문이다. '어떻게 자신을 관리하며 신앙생활을 했기에 어둠의 영향력 아래 살고 있는 것일까?' 그들의 온전하지 못한 모습을 바라보는 주님의 마음은 얼마나 아플까 생각해본다.

변질과 타락의 주원인은 과거로부터 지금까지 내가 몰래 접촉하고 있는 것들로 인해 시작하고 있다는 사실을 깨달아야 한다. 그리고 우상의 집결지에서 힘을 다해 벗어나는 결단을 해야 한다. 하나님은 분명 오염된 접촉을 끊지 못하고, 여전히 어둠과 연결되어 있는 것들을 지금 당장 끊으라고 말씀하신다. 그곳에서 우리가 얻을 것은 아무것도 없기 때문이다.

우리는 솔로몬 왕이 이룩한 많은 업적을 잘 알고 있다. 아버지 다윗의 사업을 계승하여 민족 통일의 과업을 완수하고, 인근 모든 민족을 통합하여 통치했으며, 성전을 건축하고 왕궁을 짓고, 외국 무역을 장려하고, 군대를 확충하여 팔레스타인의 비 이스라엘 족속을 거의 정복했다. 솔로몬이 왕위에 오른 초기에는 독실한 그의 신앙과 지혜, 전적인 하나님의 후원으로 온 세상의 대표적인 지도자가 되기에 모든 조건이 구비되어 있었다.

대표적인 예로 기브온 일천 번제는 솔로몬 왕의 하나님을 향한 사랑과 중심을 보여준다. 그러나 솔로몬도 인간의 약점에서 헤어나지 못하고, 그의 큰 번영과 함께 영적인 쇠퇴기를 맞게 된다. 그의 방심과 탈선은 후궁 칠백 명과 첩 삼백 명으로, 후궁을 일천 명이나 거느린 것을 보아도 알 수 있다. 솔로몬 왕은 결코 신앙만큼은 탈선하지 않을 것 같은 왕이었다. 왜냐하면 하나님으로부터 전무후무한 지혜를 받았기 때문이다. 그러나 솔로몬이 나이가 많을 때 그의 후궁과 첩들이 그의 마음을 돌려 다른 신을 따르게 했다.

하나님은 이스라엘 백성과 왕들에게 이미 이방 여인들과의 통혼을 금하셨다. 그러나 솔로몬은 음란과 우상 숭배에 접촉하고 말았다. 시돈 사람의 여신 아스다롯을 따르고, 암몬 사람의 가증한 밀곰을 따랐다. 또한 모압의 가증한 그모스를 따랐고, 암몬 자손들이 섬기는 더러운 몰록을 따르고 섬겼다. 거룩한 성전 주위에 온통 우상 숭배 산당이 즐비한 진풍경이 펼쳐졌다. 하나님 앞에서 일천 번제를 드리던 독실했던 신앙은 전혀 보이질 않는다. 후궁과 우상들에게 마음을 점령당하고 말았다. 이렇게 우상 숭배를 장려하고 직접 참여한 솔로몬에게 하나님은 그 길에서 돌이킬 것을 명령하셨다. 그러나 솔로몬은 거룩한 하나님의 명령을 두 번이나 거절했다. 참으로 비통하고 슬픈 이야기다.

"솔로몬이 마음을 돌려 이스라엘의 하나님 여호와를 떠나므로 여호와께서 그에게 진노하시니라. 여호와께서 일찍이 두 번이나 그에게 나타나시고 이 일에 대하여 명령하사 다른 신을 따르지 말라 하셨으나 그가 여호와의 명령을 지키지 않았으므로(왕상 11:9-10)."

이 모든 일의 근원은 우상 숭배자들인 이방 여인을 왕비로 두기 시작한 데 있었다. 즉 우상 숭배의 자리에 솔로몬이 자주 접촉했기 때문이다. 그 집결지를 만든 장본인이며, 그곳에서 여호와를 마음으로부터 떠난 사람이 솔로몬이라는 사실에 우리는 놀라지 않을 수 없다. 솔로몬은 성령의 감동으로 주옥같은 많은 잠언을 남겼다. 그러나 그는 나이가 든 통치 말년에는 그의 신앙고백대로 살지 못했다. 우리는 솔로몬의 타락 사건을 큰 교훈으로 삼아, 우상 집결지의 왕래를 철저히 삼가야 한다. 우리가 머물고 있는 장소와 서 있는 자리를 살피며, 거룩한 접촉을 방해하는 것들을 차단하며 살아가야 한다.

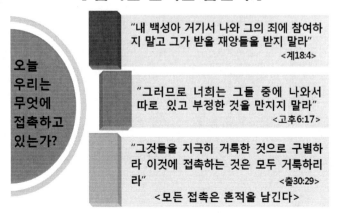

[접촉은 흔적을 남긴다]

오늘
우리는
무엇에
접촉하고
있는가?

"내 백성아 거기서 나와 그의 죄에 참여하지 말고 그가 받을 재앙들을 받지 말라"
<계18:4>

"그러므로 너희는 그들 중에 나와서 따로 있고 부정한 것을 만지지 말라"
<고후6:17>

"그것들을 지극히 거룩한 것으로 구별하라 이것에 접촉하는 것은 모두 거룩하리라"
<출30:29>

<모든 접촉은 흔적을 남긴다>

마음의 성전을 아름답게 보전하라

사람들은 자기가 나쁜 일을 한 것은 사탄의 유혹 때문이라고 종종 변명한다. 정말 그럴까? 사실 사탄은 사람을 유혹한다. 다윗과 같은 하나님의 사람도 사탄의 유혹에 넘어가 죄를 짓고 말았다. 하나님의 은혜로 태평성대를 누리던 다윗의 통치 말년에 사탄은 일어나 이스라엘을 대적하고, 다윗을 충동하여 인구조사를 부추겼다. 인구조사는 하나님이 명령하신 게 아니라 사탄이 다윗의 마음을 부추긴 것이다. 사탄은 다윗의 마음에 교만을 불러일으켰다. 다윗은 결국 사탄의 꼬임에 빠져 하나님에게 중차대한 범죄를 저지르고 말았다.

하지만 다윗은 후에 하나님 앞에 서게 되었을 때 "사탄 때문입니다"라고 말하지 않았다. "제가 죄를 지었습니다"라고 고백했다. "하나님께 아뢰되 명령하여 백성을 계수하게 한 자가 내가 아니니이까 범죄하고 악을 행한 자는 곧 나이니이다(대상 21:17)."라고 죄를 인정했다. 사탄은 여전히 지금도 우리를 유혹한다. 하지만 사탄이 억지로 죄를 짓게 하진 못한다. 우리에게는 옳은 것을 선택할 자유가 있다.

그렇다면 사탄이 우리를 유혹할 때 어떻게 대처해야 할까? 첫째는 말씀에 기록된 것처럼 사탄을 두려워하지 말고 말씀의 검을 가지고 사탄과 당당히 맞서 싸우는 것이다. "마귀를 대적하라 그리하면 너희를 피하리라(약 4:7)." '최고의 수비는 공격이다'라는 말이 있다. 우는 사자처럼 삼킬 자를 찾는 사탄의 공격에 성도는 말씀의 검으로 담대히 싸워야 한다.

예수님이 성령에 이끌려 광야에서 40일 동안 온전히 금식한 후 주리신 그때를 틈타 돌들에게 명하여 떡을 만들라고 유혹했다. 그러나 예수님은 즉시 기록된 말씀으로 사탄의 유혹을 물리치셨다. 두 번째 시험과 세 번째 시험 또한 기록된 하나님의 말씀으로 사탄에게 절하라는 시험과 성전 꼭대기에서 뛰어내리라는 사탄의 시험을 물리치셨다. 말씀으로 사탄을 대적하면 사탄은 더 이상 믿는 자들에게 저항할 수 없게 된다.

둘째는 물밀듯 밀려오는 어둠의 권세들의 공격을 막아내야 한다. 그 접근을 열어주는 사탄의 침입 경로를 성경을 통해 발견하고, 철저한 대비 태세를 갖추어야 한다. 그 가운데 가장 쉽게 타락하며 가장 많은 죄를 짓게 하는 음란을 더욱 멀리해야 한다. 이 죄는 자신의 몸을 신속히 망가뜨리는 능력을 갖고 있다. 노아의 때와 롯의 시대, 그리고 광야 모압 지역에서 벌어진 바알브올에 가담한 음란의 범죄는 하나님의 노를 격발시켰다. 이 죄는 여전히 현대 사회에서도 기승을 부리고 있으며, 영혼을 사냥하며 죄를 확산시키는 역할을 톡톡히 해내고 있다.

그렇다면 왜 이 죄는 예나 지금이나 부정하며 무서운 파괴력을 발휘하는 것일까? 첫째, 성령의 전을 더럽히기 때문이다. 우리 삶의 모든 영역에서 우리와 함께하시는 성령은 거룩하신 분이다. 그 거룩함으로 우리와 동행하며 우리 안에서 하나님의 능력을 나타내신다. 성령의 강력한 영향력 아래 우리가 거할 때 참 평안과 참 기쁨을 누리고 유지할 수 있다. 그러나 그 아름다운 성전에 죄의 냄새가 진동하고, 죄의 더러움이 심겨지고 보관된다면, 성령은 심히 괴로워하실 것이다. 성령은 인격적이시다. 그러므로 죄에 대한 안타까움과 거북함을 현저하게 드러내신다. 특별히 음란은 자신의 몸 안에 죄를 심는 것이기에 더 무섭고 비참한 결과를 초래한다. "음행을 피하라 사람이 범하는 죄마다 몸 밖에 있거니와 음행하는 자는 자기 몸에 죄를 범하느니라(고전 6:18)."

여기서 '몸'은 단순히 육체를 뜻하지 않는다. 이는 음행이 단순히 육체에 행하는 자해적인 것 이상으로서, 인간의 전인격을 손상시키는 치명적인 결과를 가져온다는 사실을 시사한다. 일반적으로 '죄'는 '하마르티아'라는 단어를 사용한다. 하지만 위의 말씀에서 바울이 사용한 '하마르테마'는 죄의 행위 자체보다, 그 죄로 인하여 초래될 결과, 즉 인간의 생명 작용까지도 악화시켜 타락시킨 사실을 강조한다. 우리의 몸은 우리 것이 아니라 성령의 것이다. 성령께서 머무시는 거룩한 처소이다.

둘째, 하나님께 영광을 돌릴 수 없게 된다. 우리 인생의 목적은 모든 삶의 영역에서 하나님을 영화롭게 하는 데 있다. 그 삶은 어렵거나 불가능한 게 아니다. 예수 그리스도의 피 값으로 산 우리의 지체를 아름답게 보전하는 데서부터 시작할 수 있다. 내 몸은 이제 나의 것이 아니라 주님의 소유라는 사실을 인식할 때, 우리 삶에 경건의 모양과 경건의 능력이 나타나게 된다.

사도 바울은 고린도교회 성도들을 이렇게 가르쳤다. "창녀와 합하는 자는 그와 한 몸인 줄을 알지 못하느냐 일렀으되 둘이 한 육체가 된다 하셨나니(고전 6:16)." 창기 안에 있는 음란의 유전자가 그와 몸을 합한 자에게 공유되어 두 사람이 같이 더럽혀진다는 말씀이다. 우리가 무심코 육체의 정욕을 이기지 못하거나 절제하지 못해 혼전순결을 쉽게 잃어버리고, 이 사람 저 사람과 몸을 섞었다면, 분명 그 사람 안에는 몸을 합한 더러운 자의 죄의 유전자가 침투해 들어왔다는 사실을 알아야 한다. 하나님으로부터 선물로 주어진 우리의 거룩이 짓밟히고 무너지는 아픔의 시간을 맛보게 되는 것이다.

또한 상대의 음란이나 욕망의 유전자가 더 강화되어 순결한 자를 오염시켜버린다. 에이즈에 감염된 사람이 에이즈 바이러스를 퍼트리듯, 욕망의 씨앗을 가진 자들은 사탄에게 사용되어 순결한 자를 감염시키는 일에 전심전력하게 된다. 이러한 방법으로 사탄은 하나님의 사람들을 거룩함에서 멀어지게 하고, 신앙의 성장과 성숙을 가로막아버린다. 그러므로 창기와 합하여 그와 한몸이 되는 끔찍한 상황을 피하고, 주님과 합하여 주님과 한 영이 되어야 한다.

바울은 믿음의 아들 디모데에게 큰 집에는 금그릇과 은그릇뿐 아니라 나무그릇과 질그릇도 있어, 귀하게 쓰는 것도 있고 천하게 쓰는 것도 있다고 말했다. 그러면서 누구든지 이런 것에서 자기를 깨끗하게 하면 귀히 쓰는 그릇이 되고, 거룩하게 빚어져 주인의 쓰심에 합당한 자가 된다고 권면했다. 주님이 원하시는 시대적인 등불의 주인공은 자신의 성전을 깨끗하게 구별하는 자들이다. 하나님은 지식이 충만한 신학자보다, 언변이 뛰어난 설교가보다, 그 안이 예수의 보혈과 말씀으로 깨끗해진 성도를 즐겨 사용하신다. 그러므로 먼저 육신의 정욕을 피하고, 깨끗한 마음으로 의와 믿음과 화평을 따라야 한다.

2년 전 목사님들이 모이는 세미나에 2박 3일로 참석한 적이 있었다. 12명씩 한 그룹을 이루어 제자교육을 받는, 말씀과 기도가 뜨거운 세미나였다. 그 모임 중 한 목사님이 며칠 전 스팸 메일을 열다가 우연히 음란한 사진과 장면들을 본 것에 대해 후회하며, 자신의 연약함에 대하여 자책하는 고백을 했다. 그분의 나이는 50대 후반으로 보였다. 그 목사님의 고백이 끝나자마자 나를 포함한 모두가 이 부분에 온전하지 못함과 이겨내기 위한 몸부림을 매일 하고 있다고 고백했다.

왜 우리는 음란에 대해 그렇게 몸부림치며 싸우는가? 그것은 우리의 몸이 우리의 것이 아니라, 보배롭고 흠 없는 주님의 피로 사신 것이기 때문이다. 그러므로 우리의 몸을 아름답게 보존하기 위해 음란을 피하는 자는 결국 주님과 합하는 자가 되는 것이다. "주와 합하는 자는 한 영이니라(고전 6:17)."

사도 바울의 가르침에는 이미 세상의 쾌락에 맛들이고 그 음란에 중독된 자들에게 음란이 얼마나 크고 무섭고 악한 죄인지를 경고하고 있다. 또한 모든 것을 은혜로만 덮고 합리화에 빠진 잘못된 신앙을 질타하고 있다. 육체의 정욕의 자리에서 벗어나지 못한 자들은 결국 음란의 영에 사로잡히고, 거룩함이 상실되며, 하나님과 친밀한 교제가 단절되어간다는 사실을 기억해야겠다.

그래서 바울은 음란을 피하라고 말한다. 그것도 적극적이고 의도적으로 피하라고 항변한다. 먼저 음란물을 보지 않기 위해 총력을 다해야 한다. 음란물을 보는 순간 다시 정욕의 바이러스가 우리 몸에 침투해 들어온다. 어린 시절 보았던 음란한 소설과 음란한 사진들, 그리고 야한 동영상이 음란의 생각과 행동을 부추기는 역할을 해온 것은 부인할 수 없다. 만약 지금도 신앙인이 음란물에 노출되어 있다면, 그 사람은 언제든지 죄를 지을 수 있는 소지가 다분하다. 특별히 야한 동영상을 보면, 우리의 몸과 생각에 우리 안에 있는 육체의 정욕과 죄성이 동시에 반응하여 그 장면들이 뇌에 각인되고, 그 음란의 영이 사람 안으로 들어가 잠복되어 또 다른 음욕을 품게 한다. 그렇게 되면 이성을 바라볼 때 자연스럽게 음욕을 품게 된다.

지나가는 여인의 외모에 관심을 보이는 것은 음욕 바이러스가 이미 침투해서 자연스럽게 표출되는 것이다. 그러므로 예수님은 음욕을 품고 여자를 보는 자마다 마음에 이미 간음했다고 하셨다. 이 음란의 바이러스가 계속 진행형으로 활동한다면, 분명 그 눈은 실족하게 될 것이다. 예수님은 우리가 이 음란 바이러스를 철저하게 방어하고 차단하길 원하셨다. "만일 네 오른 눈이 너로 실족하게 하거든 빼어 내버리라 네 백체 중 하나가 없어지고 온몸이 지옥에 던져지지 않는 것이 유익하며(마 5:29)."

결국 우리의 눈이 어두운 것을 보는 데 자유롭게 방치되면, 신앙이 파산의 위험에 몰리게 된다. 그리고 빛 가운데 살아가는 삶을 원천봉쇄 당하게 된다. 이러한 경고의 메시지를 예수님은 지옥을 비유로 들어 심각하게 전해주셨다. 계속되는 눈의 범죄가 음욕을 일으키고, 음욕은 육체의 정욕으로 표출되어 음란죄를 발생시킨다. 그러므로 우리의 눈을 잘못된 미디어 매체에 고정시키지 말고, 믿음의 주요 우리를 온전하게 하시는 예수님을 바라보는 데 고정시키기를 소망해야 한다.

이 영적 싸움에서 승리하기 위해서는 요셉처럼 음란한 장소를 피하고, 음란한 생각들이 생성되지 않도록 성령 안에서 무시로 기도해야 한다. 피하지 않으면 부딪히게 되고, 부딪히면 죄를 지을 가능성이 높다. 적극적인 피함 그 자체가 성령의 전을 깨끗하게 보존하는 것이고, 멀찌감치 음란과 거리를 두는 게 하나님을 영화롭게 할 수 있는 삶이다.

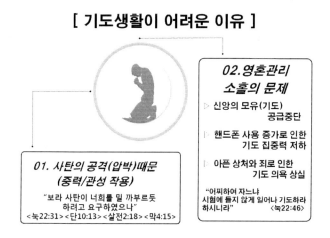

[기도생활이 어려운 이유]

02.영혼관리
소홀의 문제

▷ 신앙의 모유(기도)
　　　　　공급중단

▷ 핸드폰 사용 증가로 인한
　　기도 집중력 저하

▷ 아픈 상처와 죄로 인한
　　기도 의욕 상실

"어찌하여 자느냐
시험에 들지 않게 일어나 기도하라
하시니라"　　　　〈눅22:46〉

01. 사탄의 공격(압박)때문
(중력/관성 작용)

"보라 사탄이 너희를 밀 까부르듯
하려고 요구하였으나"
〈눅22:31〉 〈단10:13〉 〈살전2:18〉 〈막4:15〉

마음 밭을 옥토로 경작하라

　범죄심리학 이론 중에 '깨진 유리창 법칙'이 있다. 깨진 유리창처럼 사소한 것을 방치해두면 나중에는 큰 범죄로 이어진다는 이론이다. 건물 주인이 건물의 깨진 유리창을 그대로 방치해두면, 지나가는 행인들은 그 건물을 보고 관리를 포기한 건물로 판단하고 돌을 던져 나머지 유리창까지 모조리 깨뜨리고 만다. 나아가 그 건물에서는 절도나 강도 같은 강력범죄가 일어날 확률도 높아진다. 즉 '깨진 유리창 법칙'은 깨진 유리창과 같은 일의 작은 부분이 도시의 무법천지와 같은 큰일을 초래할 수도 있음을 뜻한다.

악은 악을 끌어오고 선은 선을 더 추구하게 한다. 마찬가지로 말씀이 말하는 부정한 것들에 빈번하게 접촉하는 자들은 삶이 점점 피폐해진다. "만일 그들이 우리 주 되신 구주 예수 그리스도를 앎으로 세상의 더러움을 피한 후에 다시 그중에 얽매이고 지면 그 나중 형편이 처음보다 더 심하리니(벧후 2:20)." 더러움을 피한 후에 다시 그 더러움에 오염되거나 정복되면, 그 사람의 처지는 처음보다 비참한 상태에 빠지고 만다. 그러므로 우리는 부정한 곳에서 나와 따로 서야 한다. 그리고 부정한 것들을 만지지 말아야 한다. "그러므로 너희는 그들 중에서 나와서 따로 있고 부정한 것을 만지지 말라(고후 6:17)."

요즘 신앙인들 가운데 어떤 부류는 강단에서 선포되는 말씀을 스스로 재단하는 우를 범하고 있다. 선포된 말씀이 자신에게 적용 불가라고 속단하며, 처음부터 마음의 문을 닫고 말씀 앞에 서는 모습이 빈번하게 나타난다. 말씀이 동일하게 선포되는데, 어떤 부류는 은혜를 받고 어떤 부류는 시큰둥한 반응을 보인다. 말씀이 똑같이 성도들의 마음에 뿌려져도, 청종의 자세와 태도가 온전하지 않으면 생명의 말씀은 능력을 행사하지 못한다. 모든 성도는 말씀 앞에 설 때 사무엘처럼 "하나님, 말씀하옵소서! 내가 듣겠나이다."라는 온전한 청종의 자세가 필요하다.

안전하고 원활한 교통 환경을 확보하기 위해서는 교통신호 체계를 따르는 게 필수적인 것처럼 말씀의 신호 체계를 따를 때 성도는 안전하다. 그 신호 체계를 따르기 위해서는 반드시 말씀이 지시하는 방향으로 움직이고 멈춰서야 한다. 자신의 편견에 치우치거나 목회자에 대한 좋지 않은 선입견으로 인해 말씀의 생명력이 축소되어서는 안 된다. 항상 말씀의 경계선은 넘지 말아야 하며, 말씀의 신호 체계 또한 반드시 따라야 한다.

한 해 농사를 결정짓는 요소는 여러 가지가 있다. 그중에 하나가 밭을 기경하는 것이다. 밭에 여러 가지 거름을 주고, 그 밭을 갈아엎어 땅을 기름지게 하는 옥토 작업이 매우 중요하다. 밭이 기름져야만 심겨진 씨앗들이 잘 자라서 좋은 결실을 맺을 수 있기 때문이다.

예수님은 천국을 비유로 말씀하시면서 하나님의 선택을 받은 자들에게 알아듣기 쉽게 특혜를 주어 설명하셨다. 그러나 그 나라의 말씀을 듣고 깨닫지 못할 때는 반드시 악한 자가 와서 그 마음에 뿌려진 말씀의 씨앗을 빼앗거나 성장을 막아버린다. 하나님의 말씀은 살아 있고 운동력이 있으며, 그 자체가 생명이다. 그러나 그 아름다운 말씀이 기경되지 않는 밭에 떨어지면, 그 토양의 영향을 받아 좋은 것을 결실하지 못한다.

그러므로 성도는 반드시 하나님의 거룩한 말씀이 더러운 땅이나 오염된 땅에 떨어지지 않도록 마음과 내면, 그리고 속사람을 십자가의 보혈로 기경하고 말씀으로 정결하게 해야 한다. 기경의 시작은 십자가 앞에서 날마다 죽는 것이다. 십자가를 날마다 지고 가는 것이며, 십자가 앞에서 거룩한 은혜의 접촉을 시도하는 것이다. 모든 하늘 자원의 공급의 시작은 말씀이며, 그 말씀은 기경되고 기름진 좋은 땅에 뿌려져야만 30배, 60배, 100배의 결실을 맺는다. 이를 위해 우리는 선 기경, 후 청종을 실천해야 한다.

마침 예수님은 네 가지 유형의 밭을 비유로 들어 하나님과의 거룩한 접촉이 끊어지게 되면 나타나는 결핍 현상을 설명해주셨다. 그리고 그 접촉이 지속적으로 유지되는 사람들의 결실이 얼마나 풍성하고 넉넉한지를 말씀해주셨다.

먼저, 더러는 길가와 같은 신앙인이 있다. 하나님의 말씀이 공평하게 뿌려짐에도 워낙 고집이 세고 자아가 강하여 하나님의 말씀이 심겨지기가 매우 어려운 상태에 처한 유형의 사람들이다. 마음의 밭이 수많은 세속적인 것에 짓밟히고 오염되어 어둠이 창궐한 상태이다. 이런 유형의 사람들이 마지막 회복의 기회를 붙잡지 못하면 그 결과는 참담해진다.

다음은 더러는 흙이 얕은 돌밭과 같은 신앙인이 있다. 겨우 신앙을 지탱하는 자들의 전형이다. 하나님을 아는 지식이 얕고, 온전함을 동반한 신앙고백의 삶이 얕은 자들이다. 그러므로 뿌리가 깊지 않아 유혹과 환난이 다가오면 인내의 믿음이 없어 말라버리는 유형이다. 잠깐은 변화되지만 온전히 변화되지 못하며, 잠깐은 견디지만 인내의 열매는 맺지 못한다. 나는 주위에서 이와 같이 연약한 신앙인들을 자주 접한다. 볼 때마다 권면한다. 속히 복음 앞으로 나오라고. 나와서 연약한 믿음에 깊이 뿌리내리는 인내의 열매를 맺으라고.

또 다른 유형은 가시떨기 그늘 아래에서 신앙생활을 하는 성도들이다. 그 그늘은 성장을 막고 하나님으로부터 부어지는 거룩한 능력의 공급을 차단한다. 그 그늘의 주된 영향력은 세상 염려와 재물과 유혹과 탐심이다. 한 사람이 두 주인을 섬기지 못한다는 주님의 말씀을 정면으로 위반하고, 두 주인을 자유롭게 섬기는 성도들의 모습이다. 이러한 세상의 정욕들은 하나님의 말씀이 지향하는 길을 막아버린다.

우리 주위에 답답하고 막힌 삶을 사는 사람들은 모두 위의 세 가지 유형에 포함된다. 그렇다면 이러한 유형의 성도들은 미래가 불분명하고 절망뿐이란 말인가? 그렇지 않다. 하나님은 예수 그리스도의 십자가의 은혜를 힘입어 다시 마음의 밭을 기경할 수 있는 기회를 주셨다. 길밭과 돌밭, 그리고 가시떨기밭에도 회개를 통한 새로운 변화의 삶을 선물하셨다. 참된 회개는 죄를 통회하는 눈물의 회개와 온전한 삶으로 돌아서는 삶의 회개가 동반될 때 가능하다.

진정한 회개의 본질은 주재권의 교체이다. 세상의 정욕을 주인으로 모셨다면 이제 그 주인을 신속히 예수님으로 모시면 된다. 주재권자가 바뀌는 게 바로 회개의 열매이다. 주님은 이 비유를 전하시고, 이어서 이렇게 말씀하셨다. "또 이르시되 들을 귀 있는 자는 들으라 하시니라(막 4:9)." 들을 수 있는 자는 복을 받은 자들이다. 반면 천국 비유를 이해하지 못하는 자들은 결코 천국의 삶을 현실에서 누리지 못한다.

그러나 위에 언급한 세 유형과 달리 차별화된 믿음의 길을 걷고 있는 성도들도 있다. 그들의 특징은 말씀을 듣고 즉시 깨닫는 장점을 지니고 있다. 좋은 밭의 가장 두드러진 특징은 가라지가 좋은 밭에서 좋은 씨와 함께 자라지 못하도록 항상 밭을 기경하고 돌본다는 것이다. 가라지가 섞이지 않은 밭에 떨어지는 씨는 좋은 열매를 맺게 된다. 항상 자신의 순수성을 지켜나가며 성결의 꽃을 피우며, 그 심령에는 사시사철 성령의 9가지 열매가 열려 있다. 그 열매의 결실은 폭발적이어서 30배, 60배, 100배의 성장을 이룬다.

나는 목회를 하면서 순수하고 착하지만 영적으로 매우 어두운 분들을 자주 봤다. 그러니까 선하고 온유하다고 해서 마음 밭이 좋은 것은 아니라는 사실이다. 규칙적으로 꾸준히 말씀을 읽고, 항상 보혈을 의지하여 기도하며, 성령님의 터치를 매일 경험해야만 좋은 밭을 경작할 수 있다. 그러나 오염된 접촉을 통해 이미 심령이 굳고 메말라 있는, 문제를 안고 있는 성도들은 다시 한 번 십자가 복음 앞으로 나아가야 한다. 보혈의 능력을 의지하여 그 심령이 정화되어야 한다. 그럴 때 더러워진 마음 밭이 깨끗한 옥토로 바뀔 수 있다.

하나님의 말씀은 여전히 설교와 깊은 묵상을 통해 선포되고 심겨진다. 그 선포된 말씀은 자신의 밭을 아름답게 경작한 자들에게 즉시 깨달음의 은혜를 선물하며, 또한 즉시 그 말씀을 마음에 심고 새겨서 그 말씀과 함께 성장하게 된다. 말씀을 이해하고 말씀이 들리고 깨닫는 자만이 자신의 모든 것을 팔아 천국을 산다. 깨닫는 자가 더욱더 하나님의 말씀을 의지하게 되며, 그 말씀으로 100배의 성장과 풍요를 경험하게 된다. 그들이 깨달을 수 있고 순종할 수 있었던 이유는 그들의 밭을 잘 기경하고 보존했기 때문이다. 십자가의 보혈과 성령의 기름 부음으로 매일 속사람과 중심을 아름답게 가꾸었기 때문이다. 하나님과의 끊임없는 소통이 풍성한 결실로 이어진 것이다.

오늘도 하나님의 말씀 앞에서 부적절하게 반응하는 세 부류(길가, 돌밭, 가시떨기)의 사람들은 여전히 성장이 멈추어 있거나 더디다. 하지만 항상 좋은 밭을 유지하고 있는 성도의 마음에는 결실이 풍성하다. 그 밭에는 오늘도 생명의 씨앗이 떨어진다. 그리고 즉시 신앙의 성장과 성숙이 이어진다. 그러므로 하나님을 아는 데 힘을 다하고 뜻을 다하는 것만큼, 자신의 마음을 깨끗하게 하는 작업에 최선을 다해야 한다. "주를 향하여 이 소망을 가진 자마다 그의 깨끗하심과 같이 자기를 깨끗하게 하느니라(요일 3:3)."

3부

집중력은 기도의 핵심이다

『해빗』의 작가 웬디 우드는 펜실베이니아 대학생들을 대상으로 과제 수능 능력 평가 실험을 했다. a그룹 학생들은 오직 의지력만으로 공부를 했고, b그룹 학생들은 훨씬 더 적은 시간을 공부하는 대신, 공부를 방해하는 요소를 사전에 차단하고 공부를 시작했다. 이를테면 스마트폰을 치우거나 도서관에 가서 공부를 한 것이다. 결과는 명백했다. 주변 환경을 유리하게 조성한 그룹이 훨씬 더 오래 훨씬 더 열심히 공부한 그룹보다 성적이 높았다. 이유는 굳이 말하지 않아도 알 것이다.

요즘 시대를 카페인 중독 시대라고 한다. 카카오톡, 페이스북, 인스타그램의 앞 자를 따서 부르는 신조어이다. 옛날엔 예수를 믿으면 잡아가고, 제사 때 절하라고 강요받는 식의 핍박이 있었다면, 지금 시대는 야근과 피곤함, 반복되는 지루함 등으로 핍박의 종류가 달라졌다. 사자 굴에 밀어넣는 대신 (컴퓨터나 휴대전화) 모니터 안에 우리를 가둬두는 것이다.

가뜩이나 분주하고 바쁜 시대에 카페인 중독에 사로잡히면 하나님께 기도로 나아갈 수 있는 시간을 확보할 수 없고, 그 어수선한 상황에서 하나님께 집중하기도 힘들어 진다. 이러한 여파로 인해 기도는 나름 열심히 한다고 하지만, 하나님과 깊이 있는 만남을 갖지 못하는 사례가 속출하고 있다.

하나님은 모세와 시내산에서 대면하셨다. 그리고 친구와 이야기하는 것처럼 깊은 대화와 깊은 만남을 가졌다. 하나님은 모세를 훈련시키는 가운데 40일씩 두 번, 총 80일 시내산으로 부르셨다. 이스라엘의 영도자 모세에게는 날마다 주어지는 업무량이 급증한 상태였다. 지금으로 말하면 대통령의 업무와 같은 것들이 매일 쌓여 있었다고 보면 된다. 그럼에도 불구하고 하나님은 모세의 부재를 염려하지 않았고, 모세 또한 자신의 자리가 공석이 되어 있는 것에 불안해하지 않았다. 모든 것을 다 내려놓고 하나님과 독대의 시간에 집중했다. 그리고 산꼭대기에서 하나님을 만났다. 하나님은 모세에게 하나님을 만나러 올 때에 필요한 준비사항을 지시했다. 첫째 아무도 너와 함께 오르지 말라는 것이다. 하나님과의 일대일 만남의 중요성을 강조했다. 모세에게는 하나님께만 집중하는 시간이 필요했던 것이다.

둘째, 온 산에 아무도 나타나지 못하게 하라고 지시했다.

하나님과 친밀한 관계의 밀도를 높이기 위해서는 첫째도 둘째도 하나님께만 집중하는 것이다. 그런데 이러한 집중을 사탄은 주위 환경을 통해 분산시키는 작전으로 가로막으려 한다. 하나님은 모세가 하나님과 대화하는 시간을 방해할 만한 요소들을 철저하게 차단하기 원하셨다. 양과 소도 산 앞에서 먹지 못하게 했다. 산 꼭대기에 오르면 산기슭에서 나는 소리들을 충분히 방해 받지 않을 수 있지만, 그럼에도 접촉 불가령을 내렸다. 그만큼 하나님은 골방에서 은밀하게 우리와 만나기를 원하신다. 산만하고 어수선한 상태에서 깊이 있는 대화를 나누기 좋아하시지 않는다. "너는 기도할 때에 네 골방에 들어가 문을 닫고 은밀한 중에 계신 네 아버지께 기도하라 은밀한 중에 보시는 네 아버지께서 갚으시리라(마 6:6)."

마찬가지로 성령으로 거듭나고 성령의 조명과 인도함을 따라 살아가는 신자들은 매일 깊이 있는 기도를 통해 하나님과 만나야 한다. 예수님이 하나님과 친밀함을 유지하고 기도를 통해 깊이 있는 만남을 이어가신 것처럼, 우리도 하나님께 집중한 상태의 패턴을 유지하여 기도에 몰입해야 한다. 하나님과 거룩한 접촉의 시간이 바로 기도의 시간이다. 우리는 지금 무엇에 접촉하느냐에 관심을 가져야 할 때이다. 그리고 어느 쪽에 더 삶을 온전히 맡겨야 하는지 선택할 때이다.

기도는 그냥 하는 것이 아니라, 거룩하신 하나님께 정중한 자세로 하는 것이다. 그 정중한 자세는 다름 아닌, 주위를 깨끗하게 하고 기도의 은밀한 골방을 만드는 것이다. 나는 기도의 골방, 즉 시내산 기도를 나의 모든 삶 가운데서 실천하기 위해 항상 노력한다. 어차피 세상은 소란하고 분주하다. 그러나 성령 안에서 나는 그 소음을 뚫고 영과 진리로 순간순간 주님께 은밀한 기도를 드린다. 성

령님이 내 안에 계시기 때문에 가능한 기도 패턴이다. 하루 일과의
모든 장소가 시내산과 같은 은밀한 기도 장소가 되는 것이다.

1.
빈틈을 엿보는 사탄에게 집중기도로 맞서라

투자의 귀재라 불리는 워런 버핏은 주기적으로 본인과 점심식사를 할 수 있는 기회를 경매에 부친다. 워런 버핏과의 단 몇 시간의 점심식사를 위하여 어떤 사람들은 실제로 수억에서 수십억의 입찰가를 기꺼이 제시한다. 『워런 버핏과의 점심식사』의 저자 가이 스파이어에 의하면, 그는 워런 버핏과의 점심식사를 위해 약 7억 원을 지불했다. 그런데 그 만남을 통해 투자기법, 부자 되는 방법이 아닌, 인생을 살아가는 태도와 철학에 대하여 이야기를 나누고 깊은 감동을 받았다고 한다. 그 자리에는 오마하의 현인 워런 버핏의 삶의 철학과 투자 철학이 조촐한 식사와 함께 제공된다. 3시간에 걸쳐 버핏과 점심식사를 했던 사람들은 아무도 자신이 낸 점심값을 아까워하지 않았다.

요즘 우리의 모습은 어떠한가? 하나님과의 집중이 먼저인가, 일상의 일들이 먼저인가? 하나님이 기도의 사인을 보내고 대화의 자리를 요구한다면, 우리는 모세처럼 자신의 모든 업무를 멈추고 하나님 앞으로 신속히 나가야 하지 않겠는가. 또한 하나님과의 대화의 시간을 갖기 위해 힘쓰고 애써야 하지 않겠는가? 예수님은 제자들에게 바리새인들이 기도 장소로 선택한 회당과 큰 거리 어귀와 뚜렷이 대조되는 골방기도를 추천하셨다. '골방'의 원어적인 의미는 세상 모든 것과 단절하고, 오직 하나님과만 내밀한 대화를 나눌 수 있는 공간을 의미한다. 하나님을 은밀히 만나기 위해서는 세상과 단절된 조용한 공간이 필요하다. 골방에서 문을 닫고 은밀한 중에 계시는 하나님에게 기도하는 삶이 매일 필요하다.

골방은 최적의 기도 장소요, 하나님과의 은밀한 교제가 이루어지는 만남의 장소이다. 그러나 많은 하나님의 자녀들이 이렇게 유익하고 중요한 골방을 만들지 못하고 있다. 골방이 없으면 하나님과의 몰입의 시간도 없다. 나는 내가 담임하는 교회 청년 리더들에게 자주 기도 코칭을 한다. 기도의 집중력 강화와 기도의 내용 점검, 그리고 기도의 범위 등을 체크한다. 특별히 기도의 맥이 잘 잡히지 않아 매일 비슷한 기도만 하고 있다는 한 청년의 고민을 듣고, 즉시 해법을 내놓았다. 말씀을 붙들고 기도하라고. 그리고 주기도문의 내용을 따라 기도하라고. 매일 4장 정도의 말씀을 규칙적으로 읽고, 그 말씀이 요구하는 삶을 살기 위해 말씀을 붙잡고 기도하는 것이다. 그리고 주기도문 내용의 순서에 따라 기도의 맥을 잡아가면, 기도의 집중력이 다시 살아난다.

기도는 말씀을 근거로 해서 예수님처럼 하는 것이다. 하나님의 말씀과 기도는 언제나 함께해야 한다. 하나님은 말씀을 통해 우리의 길을 인도하시며, 우리의 기도를 통해 일하신다. 말씀과 기도생활은 아주 밀접해야 하며 동시적이어야 한다. 예를 들어 말씀만 집중하여 통독하고 기도는 전혀 하지 않거나, 반대로 말씀 읽기엔 소홀히하면서 기도시간만 많이 갖는 것은 균형을 잃은 신앙생활의 한 단면이다.

나는 몇 년을 매일 걸었던 거리에서 항상 그곳에 있던 상가의 상호를 처음으로 발견할 때가 자주 있다. 아무 생각 없이 무심코 그 거리를 걷다 보니, 몇 년을 걸어도 눈에 들어오지 않은 것들이 있었다. 그러다 어느 날 갑자기 나의 눈에 띄는 건물과 간판의 내용들을 보면서 '왜 전에는 그것들을 보지 못했을까?' 생각해본 적이 있다.

마찬가지로 하나님의 말씀은 항상 우리 곁에 머물고 있다. 나의 기분과 상황에 따라 보였다 보이지 않았다 하는 게 아니라, 항상 그 자리에 있다. 그러나 우리가 그 말씀을 집중해서 묵상하지 않으면, 그 말씀에 담긴 깊은 은혜를 보지 못하고 지나치게 된다. 그래서 성령은 우리에게 가까이 다가오셔서 우리가 무심코 듣고 읽었던 말씀을 다시 한 번 우리 삶의 현장에서 기억나게 하시고, 그 말씀을 붙잡고 기도하라고 하신다. 그리할 때 주님을 향한 집중 능력은 배가될 것이다.

[가장 효과적인 기도]

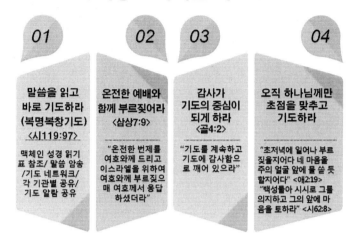

01
말씀을 읽고
바로 기도하라
(복명복창기도)
〈시119:97〉

맥체인 성경 읽기
표 참조/ 말씀 암송
/기도 네트워크/
각 기관별 공유/
기도 알람 공유

02
온전한 예배와
함께 부르짖어라
〈삼상7:9〉

"온전한 번제를
여호와께 드리고
이스라엘을 위하여
여호와께 부르짖으
매 여호께서 응답
하셨더라"

03
감사가
기도의 중심이
되게 하라
〈골4:2〉

"기도를 계속하고
기도에 감사함으
로 깨어 있으라"

04
오직 하나님께만
초점을 맞추고
기도하라

"초저녁에 일어나 부르
짖을지어다 네 마음을
주의 얼굴 앞에 물 쏟 듯
할지어다" 〈애2:19〉
"백성들아 시시로 그를
의지하고 그의 앞에 마
음을 토하라" 〈시62:8〉

순간 몰입기도

『몰입』의 저자 황농문 교수는 몰입을 이렇게 정의한다.

"아프리카의 초원을 거닐다가 사자와 마주쳤다고 하자. 이때는 이 위기를 어떻게 빠져나갈까 하는 것 이외에는 아무 생각이 없을 것이다. 이 상태가 바로 몰입이다. 몰입 상태에서는 한 가지 목표를 위하여 자기가 할 수 있는 최대 능력을 발휘하는 비상사태가 발동한다. 자신을 초긴장 상태로 만들어 모든 것을 잊고 오직 한 가지 일에 집중하기 때문에 잠재된 능력을 최대로 발휘하는 것이다."

"여자들과 예수의 어머니 마리아와 예수의 아우들과 더불어 마음을 같이하여 오로지 기도에 힘쓰더라(행 1:14)." 몰입은 기도로부터 시작한다. 새벽과 아침에 일어나자마자 의식적으로 하나님을 높이고 찬양하는 기도를 시작한다. 그 기도의 시작과 마침은 온전히 몰입이다. 새벽기도 또는 아침기도를 마치면 곧바로 성경 읽기를 시작한다. 기도를 마치기 전에 성령님께 기도한다. "성령님, 제가 완전하고 순결한 하나님의 말씀을 읽고자 합니다. 그 말씀을 읽을 때마다 그 깊이와 폭넓은 의미를 깨닫게 해주세요! 주님의 말씀만이 제가 살 길이요, 이 어두운 세상을 밝힐 유일한 희망입니다. 성령님, 조명해주시고 도와주세요!" 이렇게 기도한 후 성경을 읽기 시작한다.

구약과 신약을 오가며 말씀을 5장 정도 읽고, 말씀을 기억하며, 기도로 다시 한 번 부르짖는다. 그 부르짖음은 지금 읽은 말씀대로 오늘을 살 수 있게 해달라는 기도이다. 현실의 내 삶과 환경에 살아 있는 말씀을 적용하여 오늘도 주님의 이름으로 승리하고자 하는 몸부림이다. 이렇게 의식적으로 몰입하여 기도하고, 의식적으로 말씀을 따라 순종하는 삶을 추구할 때, 항상 하나님과 소통하는 삶을 살 수 있다. 수많은 생각이 뇌리를 스쳐가고 수많은 업무와 일로 분주한 시대를 살아가는 우리들에게 하나님은 몰입기도의 중요성을 알리기 원하신다.

많은 신앙인들이 기도는 하지만, 하나님께 상달되지 못하는 기도를 하고 있다. 그 원인 중 하나가 하나님께 집중하지 못하기 때문이다. 하나님을 만나는 거룩한 소통의 자리에서조차 몰입이 부족하다. '중언부언' 기도의 특징은 입은 계속 기도를 하고 있지만 온전함과 집중이 빠져 있다. 이러한 패턴의 기도는 하나님의 심장을 울리지 못하며, 거룩하신 하나님과의 깊은 교제 또한 누리지 못하는 잘못된 기도의 정형이다.

올림픽 사격 부문에서 금메달을 딴 래니 바샴은 고도의 집중력을 요구하는 사격훈련에 대해 이렇게 이야기했다. "50미터 거리에서 10센트 동전보다 작은 곳을 맞추는 것이 사격입니다. 총신의 각도가 백분의 일만 틀려도 표적지에서 완전히 빗나간 곳에 총알이 발사됩니다. 그래서 사격에서 가장 중요한 것은 움직이지 않는 것입니다. 가장 먼저 숨을 참는 법을 배워야 하며, 대회에 나가기 전 12시간은 아무것도 먹지 않아 소화 작용을 멈추게 합니다. 사격의 80%는 집중을 하는 것이고, 나머지 20%가 기술적인 문제입니다."

그렇다! 사격선수들은 표적에 전혀 흔들리지 않는 집중력을 강화하기 위해 부단히 노력한다. 그에 비해 우리는 얼마나 하나님께 시선을 집중하고 있는지 고민해봐야 할 것이다. 하나님께 집중하지 못하면 하나님의 은혜를 누리는 것과 하나님의 인도하심의 사인을 분별하는 데 어려움을 겪게 된다.

사진작가들이 사진 한 장에 담고 싶은 장면은 '그저 또 한 순간'이 아니라 '결정적인 순간'이다. 그들은 그 찰나를 포착하기 위해 몰입의 힘을 발휘한다. 그들은 일상 속에서 흘러가버리는 순간들을 삶의 감동적인 이야기를 담은 결정적 시간으로 만드는 예술가다. 마찬가지로 하나님은 최고의 사진작가이다. 하나님은 성도들의 하루의 삶이 그저그런 하루의 순간이 아니라, 언제나 하나님 앞에서 결정적인 순간의 모습들로 수놓아지기를 원하신다. 그 결정적인 순간들은 우리가 기도할 때 하나님께 포착된다. 그 기도의 향연이 매일 향기롭게 하나님의 보좌로 빠르게 올라갈 때 하나님 또한 신속히 우리의 간구에 반응하신다.

기도는 일방통행이 아니다. 쌍방 통행이다. 우리가 하나님의 심장을 울리는 기도로 하나님 나라 부흥과 확장을 구하며 나아갈 때, 하나님은 약속하신 성령을 통해 우리에게 풍성한 것들을 부어주신다. 그러므로 기도는 성령 게이트라고 감히 말할 수 있다.

느헤미야는 바사 궁전에서 아닥사스다 I세(BC 465~424)의 신임을 얻어 술 맡은 관원으로 있었다. 그는 자신의 형제 하나니에게 예루살렘에 남아 있는 자들이 그 지방 거기에서 큰 환난을 당하고 능욕을 받으며 성은 허물어지고 성문들은 불탔다는 소식을 듣고, 그 자리에서 앉아서 가슴을 치며 수일 동안 슬피 울며 금식했다. 그의 평상시 기도는 이스라엘의 회복과 선민 이스라엘의 부흥이었다. 그러나 현실은 어둠과 참혹함이었다. 그 가운데 그는 4개월 동안 작정하고 하나님께 기도하는 가운데 아닥사스다 왕을 알현한다.

느헤미야는 왕 앞에서 항상 밝고 건강한 모습을 보였다. 그러나 지금 왕 앞에 섰을 때의 모습은 이전 같지 않았다. 얼굴에 수심이 가득한 모습이 그대로 왕에게 노출되었다. 왕은 느헤미야에게 혹시 "너의 마음에 걱정되는 일이 있느냐?"라고 물었다. 느헤미야는 왕의 질문 앞에 크게 두려움을 나타내면서도 자신의 걱정과 근심의 이유를 조목조목 말했다. "내 조상들의 묘실이 있는 성읍이 이제까지 황폐하고 성문이 불탔사오니 내가 어찌 얼굴에 수심이 없사오리이까 하니(느 2:3)" 왕은 다시 느헤미야에게 묻는다. "그러면 네가 무엇을 원하느냐?" 지금 진행되고 있는 왕과 느헤미야의 대화 속에는 팽팽한 긴장감이 엿보인다. 잠시 대화가 중단되거나 느헤미야가 대화의 맥을 놓치면, 모든 기회가 수포로 돌아갈 수도 있다. 그러나 기도의 사람 느헤미야는 하나님께 순간기도를 먼저 드렸다. 아닥사스다 왕이 아무리 제국의 통치자라 할지라도, 그보다 더 크신 하나님이 진정한 왕이기에 첨예한 긴장 상태에도 먼저 하나님께 기도할 수 있었던 것이다. 기도의 사람은 초를 다투는 순간에도 기도로 하나님을 만난다. 이점을 우리는 배워야 하고 생활화해야 한다.

실제로는 몇 초밖에 걸리지 않았을 시간이지만, 느헤미야에게는 순간 하나님을 의지하는 순간기도가 필요했던 것이다. 이러한 행동이 초긴장 상태에서 나왔다는 것은 느헤미야가 얼마나 기도로 무장하고 있었는지 짐작하게 한다. 우리가 느헤미야에게 배울 기도는 하나님 앞에 평상시에 깊이 기도하는 시간도 가지면서, 급변하는 상황이 진행되는 순간순간 짧게 기도하는 것이다.

기도는 하늘의 하나님께서 '지금' '여기에' 우리와 함께 계신다는 것을 인정하는 행위이다. 그리고 그 하나님께서 나를 사랑하시며 이끄신다는 것을 믿는 행위이다. 지금 여기에 우리와 함께 계시는 하나님은 어쩌면 우리가 하나님께 말을 걸기를 항상 기다리고 계실지도 모른다. 순간순간 하나님을 인정하며 하나님과 대화하는 습관을 길러야 한다. 요즘처럼 멋진 가을하늘을 보며 "주님, 정말 멋집니다."라고 주님의 솜씨에 감탄하고, 가정이나 직장에서 문제 상황이 닥칠 때 "주님, 도와주십시오."라며 간구하고, 사소하지만 기쁜 일이 생길 때 "주님, 감사합니다."라고 고백하는 순간기도와 순간감사야말로 현대사회를 살아가는 신앙인들에게 반드시 필요한 기도이다.

나는 가끔 순간기도를 드리며 위기를 모면한 적이 많다. 예를 들어 기도부흥회 강사로 어느 교회에서 심야 기도회를 인도할 때, 설교를 이어가는 도중에 다음 이야기로 전환해야 하는데, 갑자기 머리가 텅 빈 것처럼 아무것도 생각나지 않았다. 순간 나는 위기감을 느꼈다. 그러나 이대로 시간 간격이 길어지면 안 된다는 생각에 순간기도를 했다. "성령님! 도와주세요!" "성령님 생각나게 해주세요!" 나의 기도를 현장에서 듣고 계신 성령님은 즉시 나의 생각과 입을 열어서 위기의 순간을 모면하게 하셨다. 이러한 일들과 함께 나의 삶에서 순간기도는 하나님께 자주 드려지는 편이다. 신호등 앞에서도, 운전을 하다가도, 순간순간 간절함을 담은 기도를 드리며 깨어 구하는 기도를 실행한다.

순간기도의 장점은 하나님과 매우 친밀함을 과시할 수 있다는 것이다. 그리고 그 순간 지혜와 돌파의 능력을 주시는 하나님을 통해 놀라운 기적을 맛보게 된다. 그러나 하나님과 친밀하지 않은 자는 결코 순간을 사용하는 기도를 할 수 없다. 왜냐하면 그 순간 하나님의 도움을 믿지 못하기 때문이다. 자, 지금부터 무엇을 먹든지 무엇을 마시든지 무엇을 하든지, 순간 하나님께 기도하고 시작하라. 그 순간의 기도는 하나님의 심장을 충분히 울리고도 남을 것이다.

집중을 가로막는 환경을 차단하라

정보화 시대에서 새로이 생겨난 현대병 중 정보피로증후군이라는 게 있다. 정보피로증후군은 분별능력 마비, 불안감, 자기 회의감 증가, 책임전가 등의 증상으로 나타난다. 이는 정보화 시대에 컴퓨터를 통한 정보업무 처리량이 폭증하여 직장인들이 심한 정신적, 육체적 스트레스와 피로감에 시달리는 증상을 나타내는 것으로, 현대인들의 고질적인 만성병이다.

세상은 스마트폰과 컴퓨터의 발달로 원활히 소통할 수 있는 시대가 되었다. 하지만 한 번 보고 마는 정보들로 우리의 기억은 점차 단기성 기억에 치중해간다. 예전보다 정보가 많고 풍부해서 좋을 것 같지만 정보 습득의 강박감과 피로감을 얻었고, 장기 기억으로 꾸준히 저장되어 활용하는 정보보다는, 단편적이고 일회성인 정보들만 늘었다. 마치 양은 많아졌는데 영양가와 질은 떨어진

음식과 같다. 이런 음식은 결코 오래가지 못한다. 하지만 이와 다르게 하나님의 말씀은 우리의 몸과 영혼에 채우고 채워도 피로감과 스트레스의 부작용은 전혀 나타나지 않고, 오히려 생기 넘치는 삶을 선물한다.

일상에서 우리의 집중을 가로막는 두 가지 원인이 있다. 그중 하나는 만성피로이다. 활동량보다 영양 섭취가 충분하지 않기 때문에 쉽게 피로감을 느낀다. 예를 들어 아침을 거르고 직장이나 학교에 가면 몸에 힘이 빠지므로 집중력이 저하된다. 뇌의 활동이 저하되기 때문이다. 그래서 일을 하거나 공부하는 데 장애를 일으킨다. 특히 우리 몸에 비타민 B가 부족하면 집중력이 떨어진다고 한다.

두 번째 원인은 스트레스이다. 여러 가지 고민이나 걱정이 우리 마음에 침투해오면 마음의 안정을 찾지 못하게 된다. 마음에 안정이 없이는 집중력을 배가하지 못한다. 그러므로 평정심을 찾고 집중력을 새롭게 하기 위해서는 충분한 영양섭취와 안정된 마음을 유지하는 것이 필수이다. 마찬가지로 기도의 집중력을 높이기 위해서는 말씀과 찬양으로 충분한 영적인 영양섭취를 해야 한다. 그러면 주님께 온전히 집중하여 신바람 나는 기도를 할 수 있다.

다음으로는 우리 몸에 스트레스를 유발하는 모든 것을 가지치기하고 마음에 평정심을 회복한 후 기도해야 한다. 그래야 최상의 집중기도를 할 수 있다. 기도하는 가운데 잡생각들이 떠오르지 않고 주님만 바라고 기도할 수 있다. 우리는 흔히 사도신경이나 주기도문을 외우는 짧은 시간에도 딴생각이 스쳐지나가는 경험을 할 때가 있다. 또한 설교시간에 목사님의 설교 흐름을 놓치고 딴생각에 빠질 때가 있다. 이러한 현상들은 우리가 주님께 은혜를 받는 데 큰 방해가 된다. 믿음의 성장 비타민인 말씀을 충분히 섭취하고 영적 유해물질인 스트레스를 차단하면 예수님처럼 집중력 있는 기도를 할 수 있을 것이다.

예수님은 집중력 있는 기도를 하기 위해서 골방기도와 네 가지 밭의 비유를 소개하셨다.

예수님은 우리가 기도할 때 골방에 들어가 문을 닫고 기도하라고 하셨다. 그러면 은밀한 중에 보시는 하나님께서 갚아주신다고 말씀하셨다. "너는 기도할 때에 네 골방에 들어가 문을 닫고 은밀한 중에 계신 네 아버지께 기도하라. 은밀한 중에 보시는 네 아버지께서 갚으시리라(마 6:6)." 기도의 골방을 만들지 않으면 분주하고 어수선한 분위기에 떠밀려 주님과 깊은 만남의 시간을 갖지 못한다. 예를 들어 당신은 기차가 달리는 곳이나 비행기가 지나가는 곳에서 친구들과 중요한 대화를 나눌 수 있겠는가? 그럴 수 없을 것이다. 마찬가지로 우리가 주님과 함께하는 중요한 대화의 시간을 이것저것 다 하면서 할 수는 없다. 그러므로 집중력 있는 기도를 가로막는 환경을 차단하는 것이 우선되어야 한다.

먼저 드라마를 보는 시간을 줄여야 한다. 지나치게 폭력적이거나 불륜을 소재로 한 드라마는 보지 않는 것이 좋다. 한 주의 기쁨을 드라마를 기대하는 가운데 보낸다면, 그 가운데 어떻게 주님과 깊은 교제를 나눌 수 있겠는가? 다음으로는 인터넷 하는 시간을 줄여야 한다. 정보의 바다 인터넷 속에는 사탄이 뿌려놓은 유혹이 즐비하다. 이것들이 당신의 심령을 혼미케 한다. 혼미한 상태가 되면 하나님의 말씀이 잘 들어오지 않는다.

마태복음 13장에는 네 밭의 비유가 나온다. 길밭과 돌밭, 떨기나무밭, 그리고 좋은 밭이다. 어떤 심령의 밭이냐에 따라 말씀이 떨어졌을 때 열매를 맺느냐, 그렇지 못하느냐를 결정한다. 드라마나 인터넷을 통해 들어오는 영적인 유해물질을 수용하면, 우리의 심령은 좋은 밭이 되지 못할 것이다. 길밭처럼 새들이 자주 왕래하므로 씨가 땅에 심기기도 전에 먹혀버리는 불행을 맞게 된다.

당신의 마음속에는 어떤 것이 자주 왕래하는가? 주님의 말씀인가, 아니면 세상의 욕망과 탐욕인가? 주님과 함께하는 경건의 시간을 자주 갖길 바란다. 경건의 시간은 당신 심령의 밭을 옥토로 만드는 작업 시간이다. '뿌리 깊은 나무는 마르지 않는다.' 생수가 항상 그 뿌리에 공급되기 때문이다. 말씀과 기도로 깊이 뿌리 내린 자는 사탄이 손대지 못한다. 심령이 딱딱하고 단단하면 믿음의 뿌리를 내리지 못한다. 돌밭과 같은 마음으로 살지 않으려면, 지금부터 당신의 마음을 갈아엎어라. 당신의 심령에 말씀으로 거름을 주고, 기도로 갈아엎어라. 그러면 좋은 밭으로 계속 유지될 것이다.

가시떨기밭은 여러 가지 복잡 다양한 마음을 가진 자들의 유형을 말한다. 한 가지 문제가 아닌 복합적인 문제를 안고 사는 사람들의 모습이다. 세상의 염려와 재물의 유혹에 넘어져 말씀이 막혀버린 상태의 심령이다. 무한 경쟁사회 속에서 염려 없이 살기란 거의 불가능하다. 하지만 여기서 말하는 염려하는 유형의 사람은 습관적으로 염려를 달고 사는 사람이다. 그렇게 염려할 시간에 기도하면 얼마나 좋겠는가. 하지만 심령을 세상의 염려에 빼앗겨버린 상태이기에 성장도, 열매도 맺지 못하는 결과를 낳고 만다. 그러므로 당신의 마음을 가꾸기 위해 기도하는 분위기를 망치는 환경을 차단하고 제거해야 한다. 절제하며 지속해서 기도할 수 있는 분위기를 힘써 만들고, 그 분위기의 흐름을 타고 규칙적으로 꾸준히 기도 자리를 사수해야 한다. 사탄의 공격에 쉽게 마음을 드러내지 말고, 집중을 가로막는 환경을 차단해야 한다.

지나친 취미생활도 절제해야 한다. 하고 싶은 것을 다 하면서 기도할 수 있다면 얼마나 좋겠는가? 그러나 기도는 그냥 쉽게 할 수 있는 것이 아니다. 기도하기 전에 먼저 삶이 바로 서야 한다. 세상에 속한 것들을 쉽게 수용한 상태에서 기도하는 것은 바람직하지 못하다. 기도의 사람은 영적인 부분에 예민하게 되어 있다. 기도하기 전에 먼저 마음에 좋은 토양을 만들어야 한다.

다음으로는 기도할 수 있는 분위기를 만들어야 한다. 집에서 기도할 때 반드시 먼저 방을 정리하고 청소한 후에 깨끗한 환경에서 기도하라. 지저분하고 어지럽혀진 곳에서 기도하지 마라. 마찬가지로 당신의 내면도 말씀으로 정돈하고, 그 가운데서 하나님을 찬양하며 기도하라. 좋은 밭을 유지하면 말씀을 듣고 깨닫게 되며, 그 가운데 실천하는 힘을 얻게 되므로 몇 배의 결실을 거두게 된다.

당신의 집중력과 기도하는 환경 가꾸기의 노력과 성실성에 따라 하나님의 축복을 크게 누리느냐, 아니면 아무것도 얻지 못하고 사느냐의 차이를 경험하게 될 것이다.

사탄에게 틈을 허용하지 마라

하나님의 말씀은 그리스도인의 안전한 울타리가 되어준다. 말씀은 철저하게 그 말씀을 사랑하고 믿고 따르는 성도들을 보호해준다. 말씀은 믿음의 자녀들을 세상과 격리하여 죄를 짓지 않도록 하는 능력을 갖고 있다. 하나님은 이렇게 변치 않는 수없이 많은 은혜를 우리에게 내려주신다.

내가 섬기는 행복한교회는 매일 하나님의 말씀을 읽는 운동을 하고 있다. 맥체인 성경 읽기표를 통해 일년에 구약 1독, 시편과 신약 2독을 목표로 하루 평균 4장 정도를 읽는다. 그런데 성경을 읽을 때는 반드시 아침에 읽기를 권한다. 아침에 성경을 읽고, 그 말씀이 주는 은혜와 도전을 삶 속에서 적용해야 하기 때문이다. 이렇게 소중한 말씀을 규칙적으로 읽지 않고 묵상하지 않음으로써 나타나는 부작용은 여러 가진데, 그중에서 두려움과 변질은 특히 주의해야 한다. 사탄이 자주 사용하는 무기이기 때문이다.

2020년 2월과 3월은 코로나19 감염증으로 인해 온 나라가 신음하며 경제가 악화 되었다. 이 혼란스러운 시국에 많은 사람들은 코로나 바이러스의 빠른 확산으로 공포에 휩싸였다. 교회 또한 온라인 예배로 대체하며 교회 문을 어쩔 수 없이 임시 폐쇄하는 초유의 사태를 맞이했다. 이러한 두려움이 엄습해오는 상황에서 나는 하나님께 간절히 기도했다. 기도하는 가운데 하나님은 출애굽기 14장 13절 말씀을 주셨다. 전염병이 유행하는 상황에서 하나님은 "너희는 두려워하지 말고 가만히 서서 여호와께서 너희를 위하여 행하시는 구원을 보라"라는 말씀으로, 이 재앙이 하나님의 섭리 안에 있음을 알게 하셨다. 사탄과 환경은 우리를 옥죄며 공포에 떨게 한다. 이와 같은 때에 성도는 두려운 환경에 요동치며 이리저리 흔들릴 것이 아니라, 약속의 말씀과 통회와 간구로 담대하게 나아가야 한다. 하나님은 결국 하나님의 몸 된 교회와 신실한 자녀를 끝까지 지켜 보호하신다. 언약의 말씀과 강철 같은 기도는 사탄의 공포 작전을 이길 수 있는 강력한 무기이다.

겨울이 되면 텔레비전에 자주 등장하는 사고 소식 중 항상 연탄가스 사고가 있다. 연탄이 타면서 생기는 일산화탄소를 마실 때 연탄가스 중독에 걸리는데, 그 원인은 가스 누출이다. 연기가 틈새를 통해 방 안으로 들어온 것이다. 연기가 새지 않도록 보일러에서 배출구 끝까지 틈새를 막아야만 사고를 예방할 수 있고, 부엌에서 방으로 들어오는 보일러와 배출구 사이의 깨진 틈새, 이완된 파이프의 허술한 틈, 방바닥 틈새 등을 통해 들어오는 연탄가스를 막아야 가스 사고를 예방할 수 있다. 이처럼 우리의 신앙생활에서도 사탄에게 틈을 주지 말아야 한다(엡 4:27).

그러면 사탄은 언제 틈을 타고 들어오는가?

첫째, 우리가 말씀대로 살지 않을 때이다. "복 있는 사람은 악인들의 꾀를 따르지 아니하며, 죄인들의 길에 서지 아니하며, 오만한 자들의 자리에 앉지 아니하고, 오직 여호와의 율법을 즐거워하여 그의 율법을 주야로 묵상하는도다(시 1:1-2)." 말씀으로 채워진 사람은 사탄에게 쉽게 틈을 허락하지 않는다. 말씀을 묵상하는 시간을 놓칠 때 다른 것들이 당신의 마음을 채울 것이다. 반드시 하나님의 말씀으로 심령을 채우라.

둘째, 기도를 쉴 때 사탄은 틈을 타고 들어온다. 기도의 시간을 평균 한 시간 이상 갖는 사람과 5분도 채 갖지 않는 사람의 차이는 불 보듯 뻔하다. 빈틈이 많고 내면이 탐욕으로 채워진 사람은 하나님을 찾지 못할 것이다. 그러므로 집중력을 잃어 더 곤고하고 영적인 핍절을 경험할 것이다. 기도를 쉬지 않길 바란다. "쉬지 말고 기도하라(살전 5:17)."

셋째, 예배생활에 소홀할 때 틈을 탄다. 부르심 받은 자들의 공동체 모임에 참석하지 않고 있다면, 분명 신앙에 이상 기류가 흐르고 있음을 파악해야 한다. 일주일에 딱 한 번 말씀을 듣는 것으로는 승리가 보장된 삶을 살기에 역부족일 것이다. 믿음은 들어야 생긴다. 그러므로 하나님 말씀을 듣는 시간을 세상과 사탄의 유혹에 빼앗기지 마라. 세상의 소리에 귀를 더 기울이느냐, 아니면 주님의 말씀에 귀를 더 기울이냐에 따라 하나님과 친밀한 삶을 살고 있는지, 아니면 세상과 짝을 이루며 살고 있는지가 결정된다.

당신은 노아의 방주가 어느 정도의 크기인지 알고 있을 것이다. 120년에 걸쳐 만들어진 노아의 방주는 길이가 138m, 폭이 23m, 높이가 14m이다. 보통 크기의 중·고등학교 운동장보다 더 큰 크기이다. 하나님은 이 큰 방주의 안과 밖을 모두 역청으로 칠하라고 명령하셨다. "너는 고페르 나무로 너를 위하여 방주를 만들되 그 안에 칸들을 막고 역청을 그 안팎에 칠하라(창 6:14)."

노아의 순종은 정말 대단했다. 그 힘든 작업을 군소리 없이 철저하게 수행했다. 하나님은 비록 힘든 노동이 필요한 역청 작업이지만, 반드시 노아가 그 작업을 해야만 한다고 명령하셨다. 왜냐하면 하나님의 심판이 이르러 하늘의 창이 열리고 40일 동안 홍수가 내릴 때 온 땅과 온 산이 물에 잠기게 될 텐데, 그때 노아의 가족과 짐승들이 살기 위해서는 배에 물이 새지 않도록 역청을 꼼꼼히 발라야만 했기 때문이다. 만약 역청을 꼼꼼히 바르지 않았다면 노아의 가족은 어떻게 되었을까? 스며들어오는 물 때문에 죽고 말았을 것이다. 하나님은 세상의 물결이 우리의 마음과 교회 가운데 들어오지 못하도록 우리의 마음에 말씀의 역청을 바르라고 하신다. 틈이 벌어진 곳을 말씀으로 막고, 기도로 기우라고 하신다.

나는 예전에 우편함에다 열쇠를 넣어놓았다가 열쇠를 잃어버린 적이 있었다. 그 열쇠를 훔쳐간 사람이 내가 집을 비운 사이에 집에 들어와 이것저것 나의 물건들을 만지고 훔쳐갔다. 그 후 나는 당장 열쇠를 바꿨다. 작은 방심이 큰 위험을 가져올 뻔했다. 이처럼 신앙의 방심은 사탄에게 호재를 부르게 한다. 그 틈을 타고 우리 마음의 문을 열고 들어올 수 있기 때문이다. 그러므로 우리는 세상의 물결이 우리 마음에 들어오지 못하도록 말씀과 기도의 역청으로 빈틈을 막고, 사탄에게 우리 마음문의 열쇠를 내어주지 말아야 한다.

누가 진정한 믿음의 강자인가? 바로 하나님께 집중하고 세상의 유혹에 틈을 주지 않는 자가 아니겠는가! 유혹의 소리에 귀를 막고 하나님의 음성에 귀를 기울이자. 세상의 아름다운 것들에 눈을 감고 예수님만 바라보자. 그런 가운데 하나님을 향한 집중력이 생길 것이다. 하나님을 향한 집중된 자세와 마음으로 기도하면, 하나님과의 깊은 교제를 나누는 기쁨을 맛보게 될 것이다. 하늘의 능력을 받아 복음을 전하는 자가 될 것이다.

2.
바울의 세 가지 집중기도

바울의 기도는 자신을 위한 기도에 집중되지 않고, 오히려 예수 그리스도의 몸 된 교회와 지체들을 위한 중보기도에 더 큰 비중을 두었다. 그 중보의 내용은 하나님 나라의 성장과 복음전파, 그리고 성도의 바른 삶과 신앙이었다.

중보기도의 중요성은 이미 우리가 아는 바이다. 중보기도를 하면 믿음의 상승효과를 경험한다. 중보의 대상에 대한 사랑이 깊이 깃들게 된다. 기도하면서 나의 인격이, 나의 믿음의 경계선이 크게 확장되는 것이다. 상대의 어려움을 자신이 안고 고뇌하며 하나님께 도움을 청하는 가운데 성도의 마음은 사랑으로 꽃피고 사랑의 향기로 가득하게 된다. 바울의 사랑과 믿음은 누구도 근접할 수 없는 최고봉에 있었다. 바울의 그 사랑과 믿음 또한 처음부터 존재하고 소유한 것이 아니었을 것이다. 그의 신앙 또한 성장하고 자랐을 것이다. 그의 믿음의 팽창은 쉬지 않고 성도들과 교회를 위해서 중보하는 가운데 생성된 것이 아닐까 생각된다.

그리스도의 사랑으로 기도하라

일찍이 성 아우구스티누스는 기도를 가리켜 "하나님 앞에서 다른 사람의 행복을 위해 중재하는 것"이라고 말했다. 우리는 모두 연약한 인간이기에 사랑하는 사람을 위해 최선의 것을 줄 수 없고, 그 최선의 것이 무엇인지도 알 수 없다. 그래서 우리는 그를 위해 기도한다. 누군가를 사랑할 때 우리가 할 수 있는 최고의 방법이 바로 중보기도인 것이다.

사도바울은 고린도전서 13장 1~3절에서 "내가 사람의 방언과 천사의 말을 할지라도 사랑이 없으면 소리 나는 구리와 울리는 꽹과리가 되고 내가 예언하는 능력이 있어 모든 비밀과 모든 지식을 알고 또 산을 옮길 만한 모든 믿음이 있을지라도 사랑이 없으면 내가 아무것도 아니요 내가 내게 있는 모든 것으로 구제하고 또 내 몸을 불사르게 내줄지라도 사랑이 없으면 내게 아무 유익이 없느니라."라고 했다.

마찬가지로 사랑이 빠진 기도 또한 울리는 꽹과리가 되고, 사랑이 없으면 아무것도 아니며, 사랑이 없으면 아무런 유익이 없다. 바울은 이와 같은 진리를 확실하게 알고 있었기에 사랑이 빠진 기도를 한다는 건 상상도 하지 못했다. 기도가 기도 되려면 예수님의 십자가 사랑을 먼저 알고 품고 그 사랑으로 형제들을 위해 기도해야 한다.

바울은 빌립보 성도들을 자주 생각했다. 그리고 지난 날 아름다웠던 시절을 자주 회상했다. 그 생각들은 결국 그들에 대한 관심의 표출이며, 그 관심은 성도를 위한 간구의 기반이 되었다. 상대방에 대한 사랑이나 좋은 기억들은 성도를 기도의 자리로 이끄는 법이다. 바울은 빌립보 교인들에 대한 자기의 사랑을 중보기도로 표출하고 있다.

그 기도의 특징 중 하나는 사랑을 가득 담았다는 것이다. 사랑이 없으면 그 중보기도는 힘이 없다. 입으로만 하는 사랑과 흡사하다. 그러나 사랑이 가득하면 그 기도는 힘을 발휘한다. 영국의 작가 사무엘 코울리지는 "사랑을 잘하는 사람이 기도도 잘한다." 고 말했다. 왜냐하면 기도 역시 하나님과 사랑을 나누는 시간이기 때문이다. 하나님을 사랑하는 사람은 하나님과 함께 시간을 보내기 원한다. 항상 쉬지 않고 기도하며 하나님과 즐기는 것이다. 즉 하나님을 향하여 기도하는 가운데 하나님과 인격적인 만남을 갖게 된다. 그러므로 기도하는 사람은 날마다 더욱 하나님을 사랑하게 된다. 때마다 시마다 주님의 품에 거하며 하나님의 숨결을 느끼고 그분과의 교제를 누리는 삶을 살아가게 된다.

누군가를 위해 기도하는 것은 누군가를 그만큼 사랑하고 있다는 것이며, 그에게 큰 관심을 보이고 있다는 증거이다. 그래서 중보기도를 하는 사람들은 그의 신앙의 경계선도 동시에 커진다. 예를 들어 나라의 부국강병을 위하여 통일한국을 꿈꾸며, 또는 선교 국가로 나아갈 비전을 향하여 매일 기도한다면, 대한민국이 더 사랑스러워지고 내 나라에 대한 자부심도 강해진다. 또한 교회를 사랑하는 마음으로 교회 부흥을 위해 기도한다면, 그 기도자에게 교회는 어머니의 품처럼 성령의 생수가 흐르는 곳이 될 것이다. 담임목사를 위해 간절히 기도해주는 분이 있다면, 목사님과 사이가 아주 좋아지고 목사님에게 큰 힘을 실어줄 것이다. 각 기관들과 부서에 속해 있는 지체들의 이름을 한 분 한 분 불러가며 매일 기도하는 분이 있다면, 그분에게는 주님이 주신 지체의식과 가족의식이 그의 마음을 뜨겁게 달구어놓을 것이다.

내가 담임하고 있는 행복한교회는 셀 모임을 활성화하기 위해 노력하는 교회이다. 셀 모임을 통해서 한 주간 동안 하나님과 동행한 이야기, 그리고 한 주 동안에 베풀어주신 하나님의 은혜와 승리의 전리품들을 기쁨으로 나눈다. 이 같은 시간이 지나고 나면 셀 모임의 하이라이트인 몰아주기 기도가 시작된다. 먼저 서로의 기도제목을 내놓고, 특별히 가장 급하고 가장 어려운 상황에 처한 지체의 기도제목을 가슴으로 품고 서로 기도하기 시작한다. 그 기도는 평일에도 계속된다. 그 기도는 그 지체의 현장 속으로 파고들며, 그 지체의 환경 속으로 스며들어간다.

바울이 추구하고 실행했던 기도도 이와 같은 기도이다. 유럽과 아시아에서 고군분투하며 복음을 전하는 제자들의 교회 안으로 들어가, 그 안에 소속되어 있는 성도들의 삶으로 기도범위가 확대되어, 그들을 기도로 만나고 기도로 돕는 역할을 쉬지 않고 감당한다. 이러한 사랑의 기도를 들으시는 하나님은 신속한 응답으로 화답하신다. 성도의 사랑이 기도로 모아질 때, 그 기도는 사랑의 향기가 되고 사랑의 열매가 된다. 사랑이 없으면 아무것도 아니고 아무 유익도 없지만, 사랑이 있으면 모든 것을 얻을 수 있고 큰 유익을 얻게 된다. 예수님의 마음에서 발원하는 사랑의 기도는 기도의 본질이며 핵심이며 능력이다.

예수님은 이 땅에 사랑으로 오셨다. 그리고 인류를 향한 하나님 아버지의 뜨거운 사랑을 세상에 드러내 보여주셨다. 나병환자들의 손을 잡으시고, 죄인들을 용서하시고, 귀신 들린 자들을 치료하시는 사랑의 터치는 파격적이었다. 예수님을 통해 구원받고 치료받은 많은 사람들은 예수님의 아가페 사랑에 모두 감동했을 것이다. 예수님의 치료의 능력 이면에 있는, 자신들을 진정으로 사랑하고 있다는 사실을 알게 되었을 것이다. 율법에 담긴 사랑의 정신을 잃어버리고, 오직 정죄의 칼을 들고 모세의 자리를 차지한 그들의 눈빛과 말 속에는 사랑이 전혀 없었다. 예수님의 사랑은 급속도로 빠르게 이스라엘에 전달되어, 그 사랑을 만지고 보고 싶어 하는 수많은 무리가 예수님 곁으로 모이기 시작했다.

사랑은 곧 치료의 시작이며 치료의 결말이다. 지금도 그 사랑의 터치는 여전히 최고의 명약이며 치료의 도구이다. 믿음의 사람들 안에는 저마다 큰 용량의 사랑 탱크가 있다. 그 사랑의 탱크에 예수님의 사랑이 가득 채워져야 한다. 예수님의 사랑은 영적으로 죽은 자들을 살리고, 마음의 상처로 가득한 영혼들을 치료한다.

남미의 콜롬비아는 지난 1978년부터 조산아 사망률을 낮추기 위해 '캥거루 프로그램'을 도입했다. 캥거루가 미숙아 상태에서 태어난 2.5cm(3g)밖에 안 되는 새끼를 육아낭에 넣어 키우는 것처럼, 조산아를 인큐베이터 안에서 자라게 하는 게 아니라, 천주머니에 넣어 엄마의 가슴에 품고 키우는 것이다. 그러면 엄마의 체온으로 아기의 체온도 유지하고 엄마의 심장소리도 듣게 된다. 이렇게 미숙아를 인큐베이터에 넣는 대신 캥거루처럼 엄마 품에 안겨 24시간을 함께 있게 되면, 아이는 엄마의 가슴에서 체온을 느끼고, 심장의 고동소리를 듣고, 자라서 정상적인 아이보다 성장 속도도 빠르고 면역력도 증가한다고 한다.

스킨십은 정서적 안정과 두뇌 발달에 큰 역할을 해서 똑똑하고 건강한 사람을 만든다. 결국 스킨십은 상대방에게 '나는 사랑을 받고 있다'라는 자존감 속에 긍정적인 사고를 형성하게 한다. 그러면서 어려서부터 이웃에 대한 이해심을 갖게 되고 받은 사랑만큼 다시 베푸는 사회적 인간으로 자라게 만든다.

반대로 신체 접촉이 부족할 때는 큰 피해를 안겨준다. 2차 세계대전으로 고아가 많이 생긴 이탈리아에서는 복지시설에서 키운 아기들이 유독 사망률이 높은 이유를 잘 알 수가 없었다. 그런데 어느 복지시설에서는 아기들이 거의 죽지 않았다. 알고 보니 아기들을 돌본 한 여인이 죽은 자신의 아기 대신 끊임없이 아기들을 안아주고 만져주었다고 한다. 아이가 자라는 데 있어서 우유나 영양제보다 더 중요한 것은 사랑이 담긴 스킨십이라는 것이 확인되었다. 이 같은 사실을 통해 알 수 있는 것은 신체 접촉의 기회가 적어지면 자연히 뇌가 손상되면서 여러 문제점을 드러내게 된다는 사실이다.

이와 같이 우리의 지친 인생 가운데 찾아오셔서 일일이 터치하시는 예수님을 통해 우리는 죄의 면역력을 강화시킬 수 있고, 정서적 안정과 사랑지수를 높일 수 있다. 예수님은 공생애 사역기간 동안 어린아이로부터 성인에 이르기까지 수많은 병자들을 고치실 때, 말씀을 선포할 뿐만 아니라 직접 그들을 어루만져주고 아픈 부위에 손을 얹으며 사랑으로 기도하셨다. 그리고 치료받은 영혼들의 손을 붙잡아 일으키셨다.

예수님은 지금도 우리와 함께하시고, 십자가에 못 박힌 피 묻은 두 손을 우리 앞에 보이시며, 우리의 식은땀을 닦아주시고, 채찍 맞아 찢어진 그 등허리로 지친 우리를 업고 가신다. 예수님의 부드럽고 자상한 접촉으로 인해 우리는 안정감을 누리고, 절대 평강을 누리게 된다.

기도는 입술로만 하는 것이 아니라 손으로도 하는 것이다. 또한 손으로 하는 기도는 하나님이 매우 기뻐하시는 예배이다. "오직 선을 행함과 서로 나누어주기를 잊지 말라 하나님은 이 같은 제사를 기뻐하시느니라(히 13:16)."

어느 날 허드슨 테일러 선교사가 가난한 집을 방문했다. 그때 그에게는 2실링 6펜스밖에 없었다. 그가 찾아간 집에는 갓난아이를 안은 어머니가 몸져누워 있었다. 그들의 상태는 하룻밤을 넘기기조차 힘들어보였다. 그는 속으로 '내가 가진 돈이 3실링 6펜스라면 이 가난한 여인에게 1실링을 기쁘게 줄 텐데!' 하고 생각했다.

그는 아기 엄마에게 "낙심하지 마십시오. 하늘에는 자비롭고 사랑이 많으신 아버지가 계십니다." 라고 권면했다. 하지만 그의 마음속에서 '이 위선자, 이 사람들에게 사랑이 많으신 하나님을 운운하면서 주머니에 있는 돈을 움켜쥐고 있다니!' 하는 소리가 계속해서 들려왔다. 마음에 가책을 받은 그는 아기 엄마에게 자기가 갖고 있던 돈 전부를 꺼내주었다. 가진 것이 없게 된 그였지만, 단칸방으로 걸어오는 발걸음은 빈 주머니만큼이나 가벼웠다. 집으로 돌아온 그는 이렇게 기도했다. "사랑하는 하나님, 하나님은 가난한 자에게 주는 자는 여호와께 빌려드리는 것이라고 말씀하셨습니다. 이번에 빌려드린 것이 오래가지 않게 해주옵소서. 그렇지 않으면 저는 점심부터 굶어야 합니다." 다음날 아침, 그에게 10실링짜리 금화 하나가 우편으로 우송되어 왔다.

기도는 실천적인 선행을 몸소 보여주며 하는 것이다. 그 가운데 하나님의 신속한 응답을 체험하게 될 것이다. 특별히 사회에서 소외된 자들을 돕고 섬길 때, 하나님은 기뻐하신다.

내가 아는 한 전도사님은 섬김이 삶이 되신 분이다. 그분은 섬기기 위해 태어나신 분 같다. 가난한 신학생들의 등록금을 지불하고 필요한 것들을 공급하면서, 오히려 주님께 죄송하다고 한다. 그 이유는 더 많이 섬기지 못한 것 때문이다. 자신의 손에서 떠난 물질은 다 하나님이 베풀고 섬기라는 것으로 알고 기억하지도 않는다고 한다. 그래서 섬김을 받은 분들이 고맙다고 하면, 오히려 고개를 들 수가 없다고 한다. 그의 선행과 나누어주는 삶은 하나님을 영화롭게 하는 예배이다. 그가 부르짖는다면 하나님은 이렇게 응답하실 것이다. "그리하면 네 빛이 새벽같이 비칠 것이며 네 치유가 급속할 것이며 네 공의가 네 앞에 행하고 여호와의 영광이 네 뒤에 호위하리니 네가 부를 때에는 나 여호와가 응답하겠고 네가 부르짖을 때에는 내가 여기 있다 하리라(사 58:8-9)."

성경에 하나님을 빚쟁이로 만드는 유일한 방법이 있다. 그것은 바로 가난한 자를 불쌍히 여기는 것이다. 그것은 하나님께 우리가 꾸어드리는 것이기 때문이다. 이러한 실천적인 삶이 기도와 함께할 때, 하나님이 갚아주신다. "가난한 자를 불쌍히 여기는 것은 여호와께 꾸어드리는 것이니 그의 선행을 그에게 갚아주시리라(잠 19:7)."

우리가 주린 자에게 또는 유리하는 빈민과 헐벗은 자들에게 나누고 입히며, 골육을 피하여 숨지 않을 때, 하나님은 우리를 축복하신다. 오만 번의 기도응답을 받은 조지 뮬러의 이야기를 잘 알 것이다. 오만 번의 응답 가운데 삼만 번의 응답은 기도하는 바로 그 순간이나 당일에 응답 받았다고 그는 겸손히 말했다. 왜 이러한 놀랍고 신기한 기적이 조지 뮬러에게 일어난 것일까? 나는 자신 있게 그 정답을 말할 수 있다. 때를 따라 돕는 하나님의 응답은 뮬러가 가난하고 소외된 오갈 데 없는 고아들을 섬기기 위해 간절히 기도했기 때문이다. 자기의 명예를 위해서가 아닌, 자기의 야망을 성취하기 위함도 아닌, 오직 연약한 자들을 보살피고자 하는 그리스도의 마음으로 기도했기 때문이다. 나눔의 향기는 신속히 하늘 보좌에 상달되며, 즉시 하나님의 돕는 손길을 체험하게 하는 능력이 있다.

예수님의 산상수훈 말씀 가운데 황금률이라 부르는 누가복음 6장 38절을 살펴보면, 먼저 주라는 주님의 가르침이 등장한다. 우리는 먼저 주기보다 받기를 원한다. 그러나 주님은 먼저 주라고 명령하신다. 사랑을 먼저 베풀고, 먼저 나눔을 실천한다면, 하나님은 후히 되어 누르고 넘치도록 우리에게 안겨주신다고 말씀하셨다. 주님이 말씀하신 사랑은 자신이 주도적으로 상대를 향해 마음을 열고 주머니를 먼저 열어서 나누고 베푸는 것을 말한다.

브리야 사바랭이라는 사람이 있다.

프랑스의 법률가 겸 정치가인데 〈미각의 생리학〉이라는 책을 썼다.

사람들은 그를 미식가의 원조로 꼽기도 한다. 그가 한 얘기 중에 "당신이 무엇을 먹고 있는지 나에게 말해준다면 나는 당신이 어떤 사람인지 말해 주겠다."라는 얘기가 있다.

어떤 사람이 선택한 한 끼 식사 속에는 주린 배를 채우는 것 이상의 문화적인 키워드가 담겨 있다는 것이다. 예컨대 맛에 대한 섬세한 감각일 수도 있고, 좋은 레스토랑을 고를 줄 아는 안목일 수도 있다. 그와 비슷한 뉘앙스의 말을 한 사람이 또 있다.

신학자 칼 바르트는 "당신이 그리스도에 대해 어떻게 생각하고 있는지 말해주면 당신이 누구인지 말해주겠다."라고 했다.

세계적인 부흥사 빌리 그레이엄 목사는 "당신이 돈을 어떻게 사용하는지 말해주면 나는 당신이 어떤 사람인지 말해주겠다."라고 했다. 돈이 그 사람을 가장 잘 보여주는 척도라는 것이다.

나는 여기에 하나 더 추가해서 이렇게 말하고 싶다. "당신이 어떤 기도를 하는지 들어보면 당신이 하나님과 어떤 관계를 맺고 있는지 말해줄 수 있다."라고 이야기할 수 있다. 기도를 잘한다고 하는 것은 말을 잘 한다는 뜻이 아니다. 하나님과 친밀한 관계를 기도로 표현하는 것이 잘하는 기도이다. 성경에는 말을 많이 하면 하나님이 응답해주실 거라고 착각한 자들이 있었다. "또 기도할 때에 이방인과 같이 중언부언하지 말라 그들은 말을 많이 하여야 들으실 줄 생각하느니라(마 6:7)." 또한 긴 시간 동안 많이 기도하면 무조건 하나님이 응답해 주실 거라 믿는 자들도 있었다. 그러나 하나님은 정직하지 않는 자들의 형식적인 기도는 처음부터 차단하신다. "너희가 손을 펼 때에 내가 내 눈을 너희에게서 가리고 너희가 많이 기도할지라도 내가 듣지 아니하리니 이는 너희의 손에 피가 가득함이라(사 1:15)." 진정한 기도는 말로 하는 기도보다 손과 발로 하는 기도이다. 정의의 손, 섬김과 봉사의 발이, 하나님이 원하시는 빠른 응답의 기도이다. "네가 부를 때에는 나 여호와가 응답하겠고 네가 부르짖을 때에는 내가 여기 있다 하리라 만일 네가 너희 중에서 멍에와 손가락질과 허망한 말을 제하여 버리고

주린 자에게 네 심정이 동하며 괴로워하는 자의 심정을 만족하게 하면 네 빛이 흑암 중에서 떠올라 네 어둠이 낮과 같이 될 것이며(사 58:9-10)"

[가장 빠른 기도응답]

구하기 전에 먼저 주라 (사랑/ 기도/ 위로/ 섬김)	아버지의 뜻대로 구하라	확신에 찬 믿음으로 기도하라	몰아주기 기도 집중하라
"가난한 자를 불쌍히 여기는 것은 여호와께 꾸어드리는 것이니 여호와께서 갚아주시리라" <잠19:17> "주라 그리하면 너희에게 줄 것이니 곧 후히 되어 누르고 흔들어 넘치도록 하여 너희에게 안겨주리라" <눅6:38> "또 주린 자에게 양식을 나누어 주며 유리하는 빈민을 집에 들이며 헐벗은 자를 보면 입히며" <사58:7-9>	"너희는 먼저 그의 나라와 그의 의를 구하라 그리하면 이 모든 것을 너희에게 더하시리라" <마6:33> "그의 뜻대로 무엇을 구하면 들으심이라" <요일5:14> "사람의 마음에는 많은 계획이 있어도 오직 여호와의 뜻만이 완전히 서리라" <잠19:21>	"무엇이든지 기도하고 구한 것은 받은 줄로 믿으라" <막11:24> "그 말한 것이 이루어질 줄 믿고 마음에 의심하지 아니하면 그대로 되리라" <막11:23>	"이에 베드로는 옥에 갇혔고 교회는 그를 위하여 간절히 하나님께 기도하더라" <행12:5> ☆합심 기도☆ <마18:19> <행12:5> <느11:2> <에4:16> <눅1:10>

진정성의 힘으로 기도하라

요즘 대한민국은 상대적 저 신뢰 국가로 추락하고 있다. 최근 연구로 보아도 세계 20위권 밖으로 밀려났다. 경제협력개발기구 (OECD) 국가 가운데 가장 낮은 수준이다. 특히 공적 영역에 대한 신뢰가 낮다. 사회적 자본인 신뢰가 낮으면 국민의 삶의 질과 행복도도 떨어진다. 대한민국의 제도와 시스템은 신뢰 기반을 착실히 확장해왔다. 문제는 제도를 운용하는 사람들, 특히 정치인과 공직자들의 행동과 행태가 믿음을 못 줘 신뢰지수는 개선되지 못했다. 리더십 이론가 랜스 세크레턴은 "진정성이란 머리와 입과 마음과 발, 즉 생각과 말과 느낌과 행동을 일관되게 정렬하는 것"이라고 말했다. 밥을 한 끼 사더라도 고마움으로 대접해야 한다. 말 한마디를 하더라도 표정과 마음을 전달하며 진정성 있게 해야 한다. 감동은 진정성이 느껴질 때 오는 것이다.

마찬가지로 하나님의 심장을 울리는 기도는 진정성을 동반한 기도이다. 하나님은 진정성 있는 기도에 속히 응답하신다. 하지만 중언부언하며 말을 많이 하거나 숙제 하듯이 의무적으로 기도하는 자들의 부르짖음에는 응답하지 않으신다. 하나님은 우리와 인격적인 만남을 원하신다. 그 인격적인 만남의 정수는 전심으로 하나님을 사랑하고 구하는 것이다. "여호와의 눈은 온 땅을 두루 감찰하사 전심으로 자기에게 향하는 자들을 위하여 능력을 베푸시나니(대하 16:9)."

나는 강화도에 있는 신덕 기도원에 자주 간다. 기도원에 가면 세상의 일들을 다 잊고, 오직 주님과 산책도 하고 주님이 만드신 아름다운 자연들을 보며 주님을 찬양한다. 혼자 있기에 주님께 더 집중할 수 있다. 기도원에서는 항상 기도소리가 들린다. 그 기도소리는 대한민국의 미래를 밝게 열어간다. 그리고 한국 교회에 기도의 불을 지피는 역할을 톡톡히 하고 있다.

그런데 어느 날 한 교회에서 열정적으로 예배하며 통성으로 기도하는데, 나에게 그 기도소리가 꽹과리가 울리는 것처럼 들렸다. 기도가 산만하며 어지럽게 들렸다. 순간 이런 느낌이 그냥 나만의 주관적인 생각일지 몰라 성령님께 즉시 기도하며 여쭈었다. 성령님은 나의 마음에 이렇게 말씀하셨다. "지금 저들이 하는 기도는 입술로만 하는 기도이다." "나는 항상 진실하게 기도하는 자의 기도에 응답한다. 목소리만 크게, 입술로만 크게 기도한다고 해서 듣지 않는다. 또한 기도하는 자들이 자신의 정욕과 자신의 죄를 안고 기도하는 것에 나는 관심을 두지 않는다."라고 말씀하셨다.

한국 교회는 새벽기도회나 금요기도회 그리고 작정기도 시간에 하나님께 통성으로 기도할 때가 많다. 그런데 그 큰 기도소리에 하나님이 감동되는 것이 아니라는 것을 잊지 말아야 한다. 그 기도에 담긴 기도자의 진심과 그 공동체의 진실한 간구가 하나님의 관심사이다. 성막 안에는 휘장 바로 앞에 금향단이 있다. 그 금향단은 중보하시는 그리스도와 중보기도를 상징한다. 그 향단에는 기도를 상징하는 향이 아침저녁으로 항상 피어올랐다. 그렇다. 기도의 향은 쉬지 않고 항상 피어올라야 한다. 또한 그 향들을 만드는 재료는 특별하다. 나감향, 소합향, 풍자향, 유향은 모두 진액으로 만들어진다.

기도의 핵심은 하나님 앞에 자신의 진심을 담는 것이다. 순간기도를 하든 생각으로 기도를 이어가든, 우리의 기도 자세는 언제나 하나님 앞에 전심과 진심이어야 한다. 구약에서 아주 귀하게 다용도로 사용되던 올리브 열매는 찌꺼기가 될 때까지 기름을 만들어 내듯, 심령을 다해 기도하신 예수님의 땀방울을 떠올리게 한다. 그래서 올리브는 '겟세마네의 기도'를 생각하게 한다. 겟세마네는 '기름 짜는 틀'이란 뜻이다. 실제 올리브 나무가 많이 있어 올리브 산으로 불린 이곳엔 기름 짜는 틀이 많이 있었다.

예수님은 이곳에서 올리브 기름을 쥐어짜듯 전심을 다해 기도했다. 예수님의 기도가 얼마나 간절하던지, 땀이 땅에 떨어져 핏방울 같았다고 성경은 기록한다. "땀이 땅에 떨어지는 핏방울같이 되더라(눅 22:44)." 목회자들과 성도들은 예수님처럼 '자신만의 겟세마네 동산'이 있어야 한다. "나의 원대로 마시옵고 아버지의 원대로 하옵소서."라는 아버지의 뜻 안에서 진정성을 동반한 겟세마네의 기도를 배우고 실행해야 한다.

진정성이 있는 기도의 또 다른 표현은 믿음의 기도이다. "여호와의 눈은 온 땅을 두루 감찰하사 전심으로 자기에게 향하는 자들을 위하여 능력을 베푸시나니 이 일은 왕이 망령되이 행하였은즉 이후부터는 왕에게 전쟁이 있으리이다 하매(대하 16:9)."

믿음의 기도는 의심을 전혀 배제하는 기도이다. 기도는 숙제하듯이 의무적으로 해서는 안 된다. 그런 기도는 속히 중단되어야 한다. "오직 믿음으로 구하고 조금도 의심하지 말라 의심하는 자는 마치 바람에 밀려 요동하는 바다 물결 같으니 이런 사람은 무엇이든지 주께 얻기를 생각하지 말라(약 1:6-7)." 두 마음을 품고 기도하면 시간 낭비만 하는 것이다. 혹시 기도할 때 집중력을 잃고 아주 산만한 분위기 속에서 기도를 이어가고 있다면, 즉시 기도를 중단하고 다시 성령님을 의지하여 집중하여 기도해야 한다.

기도하는 중에 점검해보아야 할 것들이 있다.

첫째, 지금 하나님께 드리는 기도의 내용과 기도를 드리는 기도

자의 믿음이 전적으로 하나님을 신뢰하고 있는가 하는 것이다.

둘째, 자신이 하나님 앞에 거룩함으로 나아가고 있는지를 살펴야 한다. 하나님은 죄악을 품고 욕망 가운데 기도하는 자의 기도에 관심이 없다. "내가 나의 마음에 죄악을 품었더라면 주께서 듣지 아니하시리라(시 66:18)." 기도는 무조건 시작한다고 해서 기도가 아니다. 죄를 멀리하고 죄에 대한 회개가 먼저 이루어져야 그 기도를 하나님은 기쁘게 들으신다. "내가 이르기를 내 허물을 여호와께 자복하리라 하고 주께 내 죄를 아뢰고 내 죄악을 숨기지 아니하였더니 곧 주께서 내 죄악을 사하셨나이다(시 32:5)."

셋째, 자신의 영광을 위한 기도이다. 이런 기도는 목적 자체가 하나님을 향한 영광과 복음의 확장과는 거리가 멀다. 먼저 그의 나라와 그의 의를 구하는 기도만이 믿음의 기도이며 진정한 기도이다. 오늘 하루도 열방 교회와 한국 교회에서 수많은 사람들이 기도로 하나님께 나아간다. 그러나 그 많은 기도가 다 하나님 보좌에 상달되지는 않는다. 하나님은 성도의 기도를 엄선하여 구별하신다. 그리고 진심을 담아 하나님을 확신하는 믿음으로 진액을 짜내듯이 기도하는 자들의 기도와 함께 일하신다.

여러분이 만약 하나님께 진실한 종이 된다면, 하나님께서도 당신에게 진실한 주가 되어주실 것이다. 여러분이 만약 진실한 종이 되어 성령 안에서 항상 기도한다면, 하나님은 여러분에게 선한 손을 펴실 것이다. "완전한 자에게는 주의 완전하심을 보이시며, 깨끗한 자에게는 주의 깨끗하심을 보이신다(삼하 22:26, 27)." 한국 교회에 하나님의 진실한 종이 되어 하나님의 심장을 울리는 기도자들이 많이 배출되기를 기도해본다.

진정성 있는 기도와 사랑의 향기를 발했던 바울의 기도는 중보기도라는 옷을 입게 된다. 바울의 기도는 진정성을 동반하고 있었으며, 또한 그 기도가 중보기도와 만나 하나님의 심장을 울리는 능력기도로 전환할 수 있었다. 중보기도는 지역과 거리와 상관이 없다. 어떤 상황에도 막히지 않는다. 중보기도는 매우 신비로운 힘을 지니고 있다. 자기가 자기 문제를 위해 기도하는 것이 아닌, 남을 위해 기도해주는 중보기도를 통해 하나님께서 역사하시는 것을 많이 볼 수 있다(행 12:5-12).

그래서 바울은 그의 성도들에게 중보기도를 자주 요청했다. 성도간의 중보기도는 하나님의 역사를 이끌어내는 열쇠일 뿐만 아니라, 성도간의 교제를 증진시키는 원동력이기도 하다. 바울은 성도들에게 중보기도를 요청하며, 성도들의 간절한 중보기도를 통해 자신이 하나님께로부터 사망의 환경에서 건짐 받는 은혜를 받을 수 있다는 사실을 밝히고 있다. 결국 진정성 있게 간절히 기도하는 자는 중보기도의 자리로 기도의 범위를 확대하고 이동하여 기도사역에 매진하게 된다.

엘레오스(내 심장으로)

내가 십자가 앞에 설 때마다 나의 하나님께 감사함은,

간구할 때마다 평안을 주시는 성령님을 의지함은,

첫날부터 이제까지 하나님의 영으로 인도함을 받음이라

내가 오직 간절함으로,

내 심장으로 주님을 얼마나 사모하는지 하나님이 내 증인이시라

내가 십자가 바라볼 때마다 나의 하나님께 감사함은,

연약할 때마다 새 힘을 주시는 성령님을 사랑함은,

첫날부터 이제까지 그리스도의 피로 구속함을 받음이라

내가 오직 간절함으로,

내 심장으로 주님을 얼마나 사랑하는지 하나님이 내 증인이시라

내가 걷는 걸음 위에 사명의 길 밝히시고

주님 잡은 내 손 위에 사랑의 끈 이어가네

[금기 기도]

믿음이 없이 드리는 기도 〈약1:6〉〈마21:22〉

사랑이 빠진 기도 〈고전 13:1-3〉

진정성 없는 기도 〈마 6:7〉〈호7:14〉〈시145:18〉

죄를 품고 하는 기도 〈시66:18〉〈요일5:14〉

자신의 영광을 위한 기도 〈약4:3〉〈마26:42〉

지속적인 기도에 힘쓰라

바울의 기도의 세 번째 특징은 지속적인 기도이다.

항상 자신의 마음속을 가득 채우고 있는 빌립보 가족들과 골로새 성도들을 위해 날마다 기도하기를 그치지 않았다. "이로써 우리도 듣던 날부터 너희를 위하여 기도하기를 그치지 아니하고 구하노니 너희로 하여금 모든 신령한 지혜와 총명에 하나님의 뜻을 아는 것으로 채우게 하시고(골 1:9)."

그의 기도는 지속적이었고, 그 기도는 하나님의 보좌에 연결된 핫라인을 타고 신속히 하나님의 보좌에 상달되었다. 바울의 사역은 크게 두 가지로 나뉠 수 있다. 복음의 현장에서 직접 가르치고 전하는 사역과, 몸은 떨어져 있지만 기도를 통해 만나는 사역이다. 하나님 나라의 확장은 이렇게 시공간을 초월하는 기도사역을 통해 점점 성장하고 있다.

나는 굴뚝기도 세미나를 열면서 반드시 강조하는 것이 있다. 세미나에 오신 분들에게 굴뚝기도의 유효기간을 2~3일 정도로 단축시키지 말고, 꾸준히 이어가라고 신신당부한다. 평상시 해보지 않은 기도생활이기에 당장 며칠 후 익숙했던 기도생활로 돌아갈 수 있기 때문이다. 나는 성령 안에서 항상 기도하는 습관을 오랫동안 훈련해왔다. 그래서 어느 장소 어느 상황 가운데서도 하나님께 기도하는 것이 자연스럽다. 하지만 여전히 한국 교회 성도들은 정시기도나 작정기도 외에 나머지 하루에 주어진 많은 시간들을 기도로 승화시키지 못하고 있다. 나는 누구나 성령님 안에서 쉬지 않고 기도할 수 있다고 믿는다. 성령님 안에서 쉬지 않고 기도하려면 반드시 꾸준한 기도훈련이 필요하다.

그리고 행동 활성화 기도훈련이 뒷받침되어야 한다. 예를 들어 의도적으로 하나님을 의식하고 그분과 기도하는 지속적인 기도습관을 유지해야 한다. 나는 성령님으로부터 쉬지 않고 기도하는 좋은 방법을 전수 받았다. 그 중에 하나가 '24시간 기도 예약모드 설정'이다. 이 기도 원리는 우리 안에 계신 성령님께 24시간 기도 예약을 설정하는 것이다. 그 설정의 유효기간은 천국에 입성할 때까지이다. 즉 항상기도나 종일기도가 모여 평생기도가 되는 것이다.

여기서 24시간 예약의 의미는 어떤 것을 확보하기 위해 미리 약속하는 것이다. 기도시간을 24시간 확보하기 위해 성령님께 예약하는 것이다. 기도 설정모드로 예약이 되어 있으면, 혹시 기도하는 시간을 놓쳤다고 해도 나는 성령님께 평생 기도하기로 예약이 되어 있다는 사실을 곧바로 인식함으로 깨어 다시 기도를 시작하게 되는 강점이 있다. 이렇게 계속 기도의 시간을 확보하고 기도의 범위를 확대해갈 때 우리는 사무엘과 다윗 같은, 평생 쉬지 않고 기도한 기도 사역자의 반열에 오를 수 있다.

구약에서 지속적인 기도생활의 모범을 보여준 인물이 있다면 사무엘과 다윗이다. 사무엘 선지자는 이스라엘 백성을 위한 기도를 쉬는 죄를 결단코 범하지 않겠다는 결연한 각오를 보여주며 즉시 기도의 삶을 실행으로 옮겼다(삼상 12:23). 사무엘 한 사람의 기도의 삶을 통해 이스라엘의 평화가 구축되고 하나님의 보호하심이 지속적으로 이어졌다. 그의 기도의 특징은 바로 진실함에 있었다. 그의 기도와 말은 하나도 불발탄이 되어 땅에 떨어지지 않았고, 모두 하나님의 도움을 이끌어냈다. 쉬지 않고 기도하는 장점과 그의 진심이 하나되어 하나님이 일하시도록 길을 열어놓았다. 다윗은 누구보다 하나님께 기도하는 일에 적극적인 왕이었다. 그는 시편 116편 2절에서 "내가 평생에 기도하리라."라고 고백했다. 그리고 하루 종일 주를 바라본다는 고백을 시시각각 기도로 표현했다. 일개 목동이던 베들레헴 시절에 시작한 종일기도가 평생기도로 이어져, 백발이 되어 숨을 거두는 순간까지도 기도의 맥박이 멈추지 않았다. 하나님과의 친밀한 대화로부터 전쟁 중의 긴급 상황에서 드리는 간절한 기도까지, 하나님께 의뢰하고 맡기는 기도를 쉬지 않았다.

사도 바울 또한 사무엘의 기도와 다윗의 기도의 삶을 따르며 성령님 안에서 무시로 기도했다. 그는 끊임없이 피곤한 몸을 이끌고 소아시아 교회들과 유럽 교회들, 그리고 교회 지도자들과 교회 구성원들의 이름을 불러가며 매일 기도했다. 성령님 안에서 우리가 행할 수 있는 능력 있는 삶은 바로 삶이 기도가 되고 기도가 삶이 되는 좋은 기도습관에 있다.

습관의 사전적 의미는 어떤 행위를 오랫동안 되풀이하는 과정에서 저절로 익혀진 행동방식이다. 그만큼 좋은 습관이든 나쁜 습관이든, 습관은 우리의 삶에 적지 않은 영향을 준다. 우리가 평소 하는 행동은 거의 90%가 습관에서 비롯된다. 모든 일의 결과는 끈기가 좌우한다. 마지막에 웃을 수 있는 자는 가장 끈기 있는 사람이다.

서울중앙성결교회 한기채 목사님은 불신자 가정에서 태어나 부모의 반대에도 불구하고 신학교에 들어간 분이다. 장래에 대해 불안한 마음을 갖고 기도하던 중 하나님으로부터 "너 좋은 목사 되고 싶으니?" 하는 음성을 들었다고 한다. 그래서 "그야 당연하지요. 그런데 그럴 가능성이 없어보여요."라고 답했다. 그러자 "좋은 목사 되고 싶으면 좋은 습관을 만들어야 한다."고 말씀하셨다고 한다. "무슨 습관을 만들어야 하는데요?"라고 다시 물었는데, '열

가지 습관'을 알려주셨다는 것이다. 그때 주신 말씀을 노트에 적고 매일 실행 여부를 확인하며 몸에 밸 때까지 1년 동안 지속적인 경험을 가졌다. 그는 이렇게 말한다. "부족하지만 오늘의 저를 있게 한 것은 바로 그 '좋은 습관 들이기 프로젝트' 덕분입니다."

여전히 하나님에 대한 영적 체험을 가진 사람은 주변에 적지 않다. 그러나 체험으로 얻은 은혜를 평생 간직하고 항상 지속적으로 사용하는 사람은 의외로 적다. 영적 경험이 영적 습관으로 자리 잡지 못하고 일회성 사건으로 끝났기 때문이다. 지속성이 떨어지고 결여된 믿음생활과 기도생활은 단기적인 만족과 오랜 근심을 낳을 수 있다. 주님은 누가복음 18장 1~8절을 통해 말세에 항상 기도하고 낙심하지 말아야 할 것을 과부와 재판장의 비유를 통해서 말씀하셨다. 항상 기도하는 것은 지속적인 기도를 말한다. 꾸준히 규칙적으로 하는 기도이다. 포기하지 않고 낙심하지 않는 가운데 우리는 밤낮 부르짖어야 한다. 우리는 기도하고 하나님이 일하시는 패턴을 우리의 삶이 끝나는 날까지 지켜나가야 한다. 나는 이러한 기도의 중요성을 익히 알고 나부터 먼저 그의 나라와 그의 의를 구하는 가운데 멈추지 않는 기도를 일상 속에서 계속 이어간다. 나라와 민족을 향한 애곡애족의 정신을 바탕으로 한국 교회의 회복과 부흥을 위한 중보와 내가 섬기는 행복한교회와 성도들을 위한 기도가 쉼 없이 향단의 향연처럼 피어오른다.

하나님은 이러한 기도사역을 기뻐하신다. 그리고 이 기도사역을 통해 하나님의 보이지 않는 능력의 손이 삶의 현장으로 내려와 기적을 만들어주신다. 하나님은 지금도 밤낮 부르짖는 자들을 통해서 일하신다. "하물며 하나님께서 그 밤낮 부르짖는 택하신 자들의 원한을 풀어주지 아니하시겠느냐 그들에게 오래 참으시겠느냐(눅 18:7)." 그러나 많은 성도들은 이러한 기도의 찬스를 사용하지 못하고 있다. 하나님은 여전히 성도들의 기도소리를 듣기 원하신다. 원한이 있으면 그 원한을 아뢰고, 권리를 회복하고 싶으면 그 권리를 주장하는 기도를 듣기 원하신다. 하지만 이런 하나님의 바람과는 다르게 기도의 시간은 점점 줄어가고 있다.

기도의 시간이 한정적이고 일시적으로 약화될 때 우리의 믿음 또한 동반 하락하게 되어 있다. "내가 너희에게 이르노니 속히 그 원한을 풀어주시리라 그러나 인자가 올 때에 세상에서 믿음을 보겠느냐 하시니라(눅 18:8)." 주님이 성도에게 요구하시고 보고 싶어하시는 것은 믿음 있는 삶이다. 그 믿음의 삶은 반드시 항상 기도하고 낙심하지 않는 가운데 생성되는 결과물이다. 우리는 다시 한번 지속적으로 이어지는 항상기도에 힘써야 한다. 그 기도는 효율적이며 능력 있는 기도임에 틀림없다.

3.
기도의 사람 모세를 모방하라

모세는 하나님의 지시를 따라 시내산 정상에 올라가 하나님을 만난다. 한 사람의 리더를 바로 세워서 이스라엘을 하나님의 말씀과 주권으로 통치하고자 하신 하나님의 계획에서 시작된 만남이다. 시내산 정상에서 하나님을 만나 40일 동안 물도 먹지 않고 기도하는 모세의 모습을 보면, 역시 모세는 이스라엘의 영도자임에 틀림없다는 생각을 하게 된다. 분명 모세는 이스라엘 백성의 죄를 자신의 죄처럼 회개했을 것이고, 하나님께 이스라엘의 더 큰 축복과 번영을 위해 기도했을 것이다. 그리고 자기 자신이 받은 막중한 사명을 감당하게 해달라고 지혜와 명철과 하나님의 능력을 구하는 기도를 했을 것이다. 지금부터 모세가 하나님을 만나서 기도하는 과정까지를 살펴보고자 한다.

환경을 먼저 정리하고 기도하라

모세가 하나님의 부르심을 받고 가장 먼저 한 일은 바로 돌판을 깎는 작업이었다. "여호와께서 모세에게 이르시되 너는 돌판 둘을 처음 것과 같이 다듬어 만들라 네가 깨뜨린 처음 판에 있던 말을 내가 그 판에 쓰리니(출 34:1)." 하나님은 다듬어지지 않는 돌판에 말씀을 주시지 않는다. 울퉁불퉁한 돌판에 하나님의 귀한 말씀이 새겨지지 않는 것이다. 하나님은 다듬어진 돌판에 십계명을 주셨다. 여기서 우리가 깨달아야 할 교훈은 무엇인가? 우리가 하나님을 만나러 교회에 갈 때 우리의 마음은 어떠한가? 다듬어진 마음인가, 아니면 다듬어지지 않은 거친 돌 같은 마음인가? 하나님은 길밭, 돌밭, 가시밭과 같이 다듬어지지 않은 마음으로 교회에 나오는 자들에게 깊은 은혜를 주시지 않는다.

모세에게 두 돌판을 깎아 오라는 하나님의 명령은 하나님을 만나기 전에, 만나서 기도하기 전에 우리가 갖추어야 할 믿음의 준비를 말해준다. 거듭난 우리는 마음의 분주함과 산만함으로 예배에 참석하는 것을 막아야 한다. 마음이 안정되고 하나님을 향해 있으며 잠잠한 가운데 하나님을 만날 수 있다. 그리하면 하나님의 말씀이 당신의 마음에 새겨진다. 새겨진 그 말씀은 당신을 행동하는 믿음으로 이끌어갈 것이다. 그러므로 당신의 모난 마음을 다듬는 작업을 꼭 해야 한다.

다음으로 하나님은 모세에게 이렇게 말씀하신다. "아무도 너와 함께 오르지 말며, 온 산에 아무도 나타나지 못하게 하고, 양과 소도 산 앞에서 먹지 못하게 하라(출 34:3)." 하나님은 모세가 이스라엘을 하나님의 말씀으로 지도하는 영도자가 되기를 바라셨다. 그래서 왕궁생활 40년, 광야생활 40년을 연단하셨다. 그리고 드디어 모세를 사용하신다. 이러한 상황에서 모세가 더욱 하나님과 친밀해지고 더욱 하나님께 기도하며 순종하는 모습을 보이길 원하셨다. 그래서 하나님은 모세를 시내산으로 부르신 것이다. 하나님은 모세에게 하나님을 만나러 올 때 아무도 함께 오르지 말라고 말씀하셨다. 하나님은 모세에게 하실 말씀이 있었다. 모세에게 집중적으로 새 힘을 주기 원하셨다.

나는 가끔 기도원을 찾는다. 하나님께 부르짖어야 할 기도제목이 많기 때문이다. 집에서도 기도할 수 있고 교회에서 기도할 수도 있지만, 일단 기도원에 가면 기도할 수 있는 분위기가 조성되고, 또한 각오하고 가기 때문에 집중해서 기도할 수 있다. 한 번은 기도원에 가고 싶은데 기름 값이 없었다. 아내에게 기도원에 가서 뜨겁게 기도하고 혈기를 부리지 않는 목사가 될 테니 기름 값 좀 달라고 부탁했다. 그리고 겨우 필요한 기름 값을 받아서 기도원에 갔다. 기도원에 도착한 후, 여유를 느끼며 기도하는 가운데 이런 생각이 들었다. 목사가 목사답지 않은 생각일지는 모르겠지만, '아! 기름 값 들여서 내가 여기까지 어떻게 왔는데, 아까워서라도 기도해야지. 방심하면 안 되지!' 하고 정신 차리고 기도한 적이 있다. 웃으며 넘어갈 수 있는 이야기지만, 각오란 정말 중요한 것 같다. 결단 또한 정말 중요한 것 같다.

하나님께서 모세를 시내산 정상으로 부르실 때 모세에게도 각오하고 올라오라고 말씀하시는 것이다. 주위의 모든 일을 다 내려놓고, 해야 할 일을 다 내려놓고, 일단 하나님께만 집중하라고 하시는 것이다. "아무도 함께 오르지 마라. 양과 소도 산 앞에서 먹지 못하게 하라"는 하나님의 말씀에는 기도할 때 하나님께만 집중하라는 메시지가 숨어 있다. 모세를 불러 기도훈련을 시키듯이 하나님께서 기도하라는 신호를 줄 때는 만사 다 제쳐놓고 하나님께 나아가길 바란다. 그렇게 할 때 우리는 그 시간을 손해 보는 것이 아니라, 기도한 그 시간으로 말미암아 엄청난 변화를 체험하게 될 것이다.

모세는 또 하나의 말씀에 순종한다. 하나님은 다듬은 두 돌판을 가지고 시내산 정상에 올라오라고 말씀하신다. 시내산은 해발 2천 미터가 넘는 산이다. 그곳까지 모세가 두 돌판을 들고 오르려면 많은 힘이 들었을 것이다. 또한 위험도 따랐을 것이다. 비탈진 길, 가파른 길, 무더운 날씨 등이 모세를 힘들게 했을 것이다.

언젠가 여름에 해발 6백 미터 정도 되는 산에 기도하러 간 적이 있다. 정상까지 오르는데 남자 걸음으로 약 40분 정도 걸렸다. 산에 오르는데 숨이 차고 땀이 비 오듯 했다. 짐도 없이 그냥 성경책 하나 들고 올라갔는데도 숨이 차고 힘들었다. 그런데 모세는 무거운 두 돌판을 들고 그 높은 시내산 꼭대기까지 오를 때 얼마나 힘들었겠는지 한 번 상상해보라.

하나님을 만나려면 모세와 같은 노력이 필요하다. 우리의 땀이 필요한 것이다. 우리는 너무 쉽게 하나님을 만나려고 한다. 자기의 땀 한 방울도 없이, 노력이나 순종도 없이 너무 쉽게 하나님을 만나려고 한다. 전능하신 하나님을 만나기 위한 당신의 노력은 어느 정도인가? 우리가 주님의 아가페적인 사랑과 무조건적인 주님의 은혜를 입었다면, 우리 또한 그 사랑에 감사하는 행위를 보여야 한다. 당신이 주님의 영광을 위해 하고 있는 일들에 다시 한 번 모세가 하나님께 품고 있던 열정을 더하기 바란다. "나를 사랑하는 자들이 나의 사랑을 입으며, 나를 간절히 찾는 자가 나를 만날 것이니라(잠 8:17)."

하나님과 높은 곳에서 독대하라

〈너의 둥지는 너무 낮았었다〉를 쓴 일본의 크리스천 아동문학가 노베찌라는 사람이 있다. 이 시를 쓰게 된 동기는 이렇다. 어느 날 집 뜰에 있는 새가 둥지를 만들고 있는 것을 보았다. 새가 둥지 만드는 작업을 재미있게 구경하던 그는 갑자기 '둥지의 위치가 너무 낮지 않을까?' 하는 생각을 했다고 한다. 그러나 새에게 충고해 줄 방법이 없고 거의 완성된 둥지를 헐어버릴 수도 없어서 그대로 내버려두었다. 얼마 후 이 둥지에서 새끼들이 태어나 어미 새가 먹이를 구해다 먹여주는 행복한 광경을 구경할 수 있었다. 그러던 어느 날, 예감했던 비극이 발생하고 말았다. 새끼들은 고양이에게 희생되고 말았다. 그 후 먹이를 잡아 돌아온 어미 새는 새끼를 찾을 길이 없어서 오랫동안 그 둥지에서 슬픈 소리로 울었다. 이 상황을 목격한 노베찌는 〈너의 둥지는 너무 낮았다〉라는 시를 쓰게 되었다.

우리의 소망을 높은 곳에 두고 살면 세상의 위험으로부터 안전하다. 그러나 우리의 소망을 낮은 곳, 세상의 욕망에 두고 살면 사탄의 공격을 받게 된다. 세상에 너무 가까이 머물지 마라. 하나님과 가까운 저 높은 곳에 믿음의 둥지를 틀어라.

모세는 두 돌판을 들고 산꼭대기까지 올라가서 하나님을 만난다. 드디어 하나님이 계시는 시내산 정상에 이른다. 모세가 점점 시내산 정상을 향하여 오를 때 세상과는 거리가 멀어진다. 200만에 가까운 이스라엘 백성이 머무는 곳과 점점 거리가 멀어지지만, 하나님과의 거리는 점점 가까워진다. A. W. 토저는 "하나님과 가까이하면 할수록 우리는 하나님의 형상으로 닮아가게 된다."라고 했다. 우리가 세상과 구별되는 삶을 살수록 하나님과는 가까워진다는 사실을 기억해야 한다. 반대로 우리가 세상과 가까이할수록 하나님과의 거리는 멀어진다는 사실 또한 기억해야 한다.

하나님을 향해 손을 드는 시간이 많을수록 하나님과 우리의 관계는 더 친밀한 관계가 될 것이며, 더 많은 하나님의 은혜를 맛보는 삶이 될 것이다. 삶의 현장에서, 기도의 골방에서 하나님과 만나라. "너는 기도할 때에 네 골방에 들어가 문을 닫고 은밀한 중에 계신 네 아버지께 기도하라. 은밀한 중에 보시는 네 아버지께서 갚으시리라(마 6:6)."

세상의 소리를 차단하며, 세상의 생각을 차단하고, 하나님과 일대일로 독대하라. 은밀한 기도장소에서 모세처럼 하나님과 독대하라. 주님이 당신을 주목하며 대화의 창을 열어놓고 기다리실 것이다. 가끔 하나님과 친밀함을 갖지 말고, 자주 하나님과 친밀한 만남을 가져라. "모든 기도와 간구를 하되 항상 성령 안에서 기도하고, 이를 위하여 깨어 구하기를 항상 힘쓰며 여러 성도를 위하여 구하라(엡 6:18)."

모세는 잠시 이스라엘의 정치, 사회, 경제 등의 문제를 등지고 오직 하나님만 바라보는 시간을 가진다. 시내산 정상에서 하나님께 기도하기 시작한다. 우리가 상식적으로 볼 때 모세가 이스라엘 백성의 삶의 현장에서 40일 동안 공석으로 그 자리를 비운다면 얼마나 큰 혼란이 오며, 얼마나 많은 문제가 발생할지, 눈으로 보지 않아도 알 수 있을 것이다. 그러나 모세는 하나님을 의지한다. 하나님만이 이스라엘의 절대적인 왕이심을 믿는 것이다.

당신은 어떠한가? 집안에 작은 일만 있어도, 회사에 작은 일만 있어도 주일성수를 포기하는 삶을 살고 있지 않은가? 일이 많다는 이유로 하나님과 대화의 시간을 포기하고 있지는 않은가? 세상일을 하느라고 하나님께는 무관심으로 나아가고 있지 않은가? 모세처럼 하나님이 우선이 되길 바란다. 당신이 하나님의 일을 하면 하나님은 당신의 일을 돌봐주신다는 것을 믿기 바란다. 세상과 멀어지고 하나님과 가까워지는 훈련을 지금부터 하기 바란다.

십계명의 제1계명을 깊이 묵상해보라. "너는 나 외에는 다른 신들을 네게 두지 말라. 너를 위하여 새긴 우상을 만들지 말고, 또 위로 하늘에 있는 것이나 아래로 땅에 있는 것이나 땅 아래 물속에 있는 것의 어떤 형상도 만들지 말며, 그것들에게 절하지 말며, 그것들을 섬기지 말라. 나 네 하나님 여호와는 질투하는 하나님인즉 나를 미워하는 자의 죄를 갚되 아버지로부터 아들에게로 삼사 대까지 이르게 하거니와 나를 사랑하고 내 계명을 지키는 자에게는 천 대까지 은혜를 베푸느니라(출 20:3-6)."

급한 일보다 중요한 일에 더 시간을 할애해야 한다. 하나님의 영광을 위한 일이 항상 우선순위에 있어야 하고 가장 중요한 자리에 있어야 한다. 하나님의 눈에 안 보인다고 여겨지는 급한 일에만 시간을 투자하면, 하나님의 큰 도움과 하나님께서 원하시는 믿음의 자리에 서지 못할 것이다. 농부가 아무리 농사를 잘 지어도 열 배 이상의 열매를 거둘 수 없다. 그러나 하나님께서 우리를 도와주시면 축복이 30배, 60배, 100배로 올라간다는 사실을 명심하기 바란다.

모세는 그가 맡은 수많은 일이 있음에도 그 일보다 하나님과의 만남을 우선순위에 두었다. 모세는 많은 일이 숙제로 남아 있는 상황에서도 하나님과 독대하는 자리를 사모하고, 그 자리에서 하나님을 만났다. 바쁘다고 시간이 없어서 교회 못 간다는 말을 모세 앞에서 해보라. 오히려 바쁘니까 하나님을 찾아야 한다. 하나님의 도움이 필요하기 때문이다. 하나님께서 주시는 능력이 필요하기 때문이다. 모세처럼 하나님과 독대하는 시간이 잦아질수록 우리의 믿음은 빛을 발할 것이며, 하나님께서 공급해주시는 새 힘을 얻어 하늘의 권세를 삶 가운데 나타낼 것이다. 그러므로 세상에 더 많은 시간을 양보하지 마라. 타협하지 마라. 먼저 하나님께 나아가 기도하라.

모세는 하나님과의 만남을 통해 기도하기 시작한다. 뜨거운 사랑의 불꽃을 품은 가슴으로 이스라엘을 위해서 기도한다. 모세 한 사람이 하나님께 준비된 모습으로 나아가 기도하므로 이스라엘 백성에게 하나님의 사랑이 더 크게 나타났음을 우리는 성경을 통해 알 수 있다. 기도하는 사람, 순종하는 사람, 하나님을 향하여 노력하는 사람들을 통해 우리가 얻는 축복은 참으로 크고 풍성하다. 기도하는 자들을 통해 하나님께서 쉬지 않고 일하심을 기억하자.

기도 후에 나타난 변화를 목격하라

모세는 누구보다 더 많이 기도한 사람이다. 그의 중보기도를 통해 하나님의 심판이 이스라엘에 내려지지 않았다. 모세는 애굽에서 종살이하던 자기 백성을 하나님께서 은혜로 구원해주셨음에도 그들이 배은망덕하여 우상을 숭배한 죄를 회개했다. "모세가 여호와께로 다시 나아가 여짜오되 슬프도소이다 이 백성이 자기들을 위하여 금신을 만들었사오니 큰 죄를 범했나이다 그러나 이제 그들의 죄를 사하시옵소서 그렇지 아니하시오면 원하건대 주께서 기록하신 책에서 내 이름을 지워버려주옵소서(출 32:31-32)."

한 사람 중보자의 기도는 하나님의 심판을 멈추게 했다. 모세의 기도는 하나님의 마음을 움직였다. 그 기도에는 진실과 사랑이 담겼기 때문이다. 모세는 자신의 생명을 담보로 동족의 구원을 위해 중보기도했다. 아론을 비롯한 이스라엘 백성은 모세가 하나님의 계시를 받기 위해 시내산에 올라간 지 40여 일이 지나도록 내려오지 않자, 모세를 대신하여 금으로 송아지 형상을 만들고, 그것을 그들을 인도할 신으로 삼고 섬기며 숭배했다. 이에 하나님께서 크게 진노하셔서 이스라엘 백성을 모두 진멸하고자 하셨다. 그런데 그때 모세가 이스라엘 백성의 죄악을 용서해달라고 하나님께 간절히 중보기도를 드리자, 하나님은 뜻을 돌이키시고 이스라엘 백성을 진멸하지 않으셨다. 한 사람의 간절한 기도가 이스라엘 백성을 하나님의 심판에서 구원하게 된 것이다.

모세는 처음 40일간 시내산 정상에 올라 단식하며 하나님의 말씀을 듣고, 그 가운데 이스라엘 백성을 위해서 기도했다. 40일이 지난 후 이스라엘 진영에 내려온 모세는 금송아지를 섬기는 이스라엘의 우상숭배 행위를 보고, 두 돌판을 산 아래로 던져 깨뜨리고, 하나님의 편에 선 자들을 세우고, 우상숭배에 가담한 3천여 명의 사람을 죽였다. 그 후 다시 모세는 시내산 정상에 올라 이전과 같이 40일을 물도 마시지 않고 이스라엘 백성을 위해 기도했다. 총 80일에 걸친, 모세의 생명을 담보로 한 기도는 자기 자신의 신앙을 성숙하게 한 동시에, 하나님께서 이스라엘에 대한 진노와 심판을 보류하게 하는 놀라운 긍휼을 이끌어냈다. 이스라엘의 리더 한 사람의 눈물과 헌신의 기도가 허물 많은 이스라엘을 하나님께로 돌이키게 하는 역사를 만들어낸 것이다.

여기서 기도 후에 나타난 모세의 변화를 살펴보자.

첫째, 성품의 변화이다. 기도하는 사람은 따뜻하다. 모세는 지면에서 가장 온유한 사람이라고 하나님께 칭찬받았다. "이 사람 모세는 온유함이 지면의 모든 사람보다 더하더라(민 12:3)." 왜 모세가 그 당시 지면의 모든 사람보다 가장 온유한 사람이라고 칭함을 받았겠는가? 모세는 바로 하나님 앞에서 사생결단의 기도를 하면서 그의 불같은 성격이 변화된 것이다. 광야생활의 연단을 통해 겸손해졌으며 참을성 있는 사람이 된 것이다. 기도하는 사람은 변화된다. 하나님을 만난 사람은 변화된다. 하나님의 말씀을 듣고 읽고 붙잡고 살면 변화하게 된다.

기도는 그 변화의 속도를 앞당겨준다. 말씀을 듣고 깨달았다면 기도로 하나님께 나아가야 한다. 기도하는 가운데 우리 안의 혈기와 분노가 사라질 것이다. 툭하면 시비를 걸고 화를 밥 먹듯이 내며 살아온 사람이라도, 성령님이 만지시면 순한 양같이 변한다. 바로 그 모델로 성경은 모세를 추천하고 있다. 비둘기처럼 온유한 성령님이 만져주시고 임하시면, 우리는 평화를 사랑하는 성령님을 닮아 부드럽고 온유한 사람이 된다. 또한 하나님의 음성을 듣는 자는 변하게 된다. 모세는 하나님의 음성을 들었다. 즉 하나님과 아주 가까운 사이를 유지하며 하나님의 지시를 따른 것이다.

하나님의 음성을 듣는 자에게 주어지는 혜택은 풍성하다. 우리는 우리 안에 계신 주님의 소리에 귀를 기울여야 한다. "사람이 자기의 친구와 이야기함같이 여호와께서는 모세와 대면하여 말씀하시며, 모세는 진으로 돌아오나 눈의 아들 젊은 수종자 여호수아는 회막을 떠나지 아니하니라(출 33:11)." 죄에서 벗어나고 싶다면 모세처럼 하나님께 간절히 기도하라. 모난 성격에서 벗어나고 싶다면 모세처럼 간절히 기도하라. 하나님은 하나님 앞에서 자기를 쳐서 하나님께 복종하려는 자의 기도를 외면하지 않으신다. '온유'라는 말은 '야생마가 훈련되어서 준마가 되는 것'을 말한다. 기도를 통해 야생마와 같았던 우리가 준마가 되는 역사를 체험하기 바란다.

모세의 두 번째 변화는 지도권 강화이다. 하나님 앞에서 생명까지도 아끼지 않고 기도했던 모세에게 주어진 또 하나의 영향력은 지도권 강화였다. "아론과 온 이스라엘 자손이 모세를 볼 때에 모세의 얼굴 피부에 광채가 남을 보고 그에게 가까이하기를 두려워하더니(출 34:30)."

시내산 정상에서 오직 하나님만 바라고 40일간 기도에 전념한 모세에게 영광의 빛이 임했다. 하나님은 빛이시다. 하나님과 가까이 있는 자에게는 당연히 빛이 전이된다. 이 광채를 보고 아론과 온 이스라엘 자손이 모세에게 가까이하기를 두려워했다. 하나님께서 모세를 세우신 것이다. 지도권을 더 강화시켜주신 것이다.

느헤미야는 모세처럼 이스라엘을 위해 중보한 사람이다. 느헤미야는 몇 사람이 보고한 예루살렘의 퇴락과 백성의 사로잡힘과 능욕을 당하고 있다는 소식을 들었다. 이 슬픈 소식을 듣자마자 그는 수일 동안 금식과 기도로 하나님께 나아갔다. 그리고 이스라엘 자손을 위하여 자기 자신과 아버지의 집이 범죄로 인해 크게 악을 행한 것을 고백하고 회개했다. 하나님은 앞이 보이지 않을 정도의 충격적인 환경 가운데서도 기도하는 자의 부르짖음에 응답하신다. 하나님의 절대적인 지지를 받아 느헤미야는 52일 만에 성벽을 재건했다. 많은 어려움을 믿음으로 뚫고 기도로 돌파하며 오직 하나님 나라의 회복에 온 힘을 다했다. 수일 동안 금식과 함께한 기도의 결과 하나님은 느헤미야에게 승리와 함께 지도권을 강화시켜 주셨다. 만약 당신이 하나님께 많은 시간을 할애해서 모세와 느헤미야처럼 기도한다면, 당신에게도 빛이 임할 것이며, 하나님과 함께하는 자에게 주시는 영적 권세를 부여받게 될 것이다.

요한계시록에 기록된 하나님의 심판은 철저하게 성도의 기도를 통해 전개된다. 성도의 기도가 하늘 보좌를 움직이는 가장 강력한 동력인 셈이다.

일곱 인의 심판이 전개되기 전 네 생물과 24장로가 어린 양 앞에서 성도의 기도를 상징하는 향이 가득한 금 대접을 갖고 어린 양 예수 그리스도의 구속 사건을 찬양하는 새 노래를 불렀다(계 5:8~9). 요한계시록 8장부터 전개되는 일곱 나팔을 통한 심판 역시 성도의 기도로 시작된다. 하나님 앞에서 일곱 천사가 일곱 나팔을 받은 후 바로 또 다른 천사가 등장해, 땅에 거하는 모든 성도의 기도를 금 향로에 받아 하나님 앞으로 올라간다.

"또 다른 천사가 와서 제단 곁에 서서 금 향로를 가지고 많은 향을 받았으니 이는 모든 성도의 기도와 합하여 보좌 앞 금 제단에 드리고자 함이라 향연이 성도의 기도와 함께 천사의 손으로부터 하나님 앞으로 올라가는지라(계 8:3-4)."

성도의 기도는 언제나 천상교회에 있는 금 향로에 담겨 올려진다. 천사가 성도의 기도가 담긴 향로에 제단의 불을 담아 땅에 쏟으니 세상을 향한 하나님의 심판을 상징하는 '우레와 음성과 번개와 지진'이 발생한다(계 8:5). 하나님의 공의로운 심판은 전적으로 하나님의 자유로운 주권에 속해 있다. 그러나 하나님의 자유로운 주권을 움직이는 힘은 성도들의 기도에 달려 있다. 기도는 하늘 문을 여는 열쇠이며, 새 하늘과 새 땅을 여는 영적 에너지다. 모세의 중보기도는 하나님의 심장을 울렸다. 하나님의 심판 앞에 떨고 있는 이스라엘 백성들을 구원하는 매개의 역할을 감당한 것이다. 마찬가지로 두세 사람이 예수님의 이름으로 모인 곳에서 드려지는 탄원기도와 희생 기도는 여전히 능력의 하나님을 일하시게 한다. 하나님의 심장을 울리는 모세의 중보기도는 이제 우리의 기도가 되어야 하겠다.

코로나19 감염증 극복을 위한
10일 특별 가정예배 간증문

행복한 가족 여러분!

모두 평안하시죠!

오늘은 코로나19 감염증 종식과 우리의 허물과 죄를 자복하며 합심하여 작정 기도한 마지막 날입니다. 10일 동안 여러분의 시간과 삶을 드려 작정기도를 완주해주심에 감사드립니다. 합심기도를 통하여 주님이 베푸신 은혜가 여러분의 가정과 삶 가운데 가득하리라 믿습니다. 먼저 저희 가정에 주신 주님의 은혜를 나누고자 합니다.

1. 두 아이가 성령님의 도우심을 통해 기도의 영을 충만하게 받았습니다. 방언으로 10분 정도 간절히 기도하는 모습을 보며, 주님이 기도회에 함께하심을 목도할 수 있었습니다. 무릎을 꿇고 두 손을 높이 드는 아이들의 모습을 보며, 주님의 긍휼하심이 속히 임하는 것을 느낄 수 있었습니다. 또한 어린 두 딸이 동료 유초등부 아이들과 코로나 종식을 위해 중보하는 모습도 은혜

의 한 장면이라 말할 수 있겠습니다.

2. 고질적이고 만성적이었던 큰딸 하연이의 두통이 깨끗하게 치유
되었습니다. 두 아이가 기도회를 마치며 한 말은 '뿌듯하다'는
말이었습니다. 작정기도회의 또 하나의 은혜는 시편 91편, 107
편, 103편, 23편을 반복적으로 읽는 가운데 하나님만이 환난날
에 탈출구라는 사실과 하나님의 선한 손길이 대한민국과 한국
교회와 우리 가정과 함께한다는 확신을 갖게 된 것이었습니다.
두려움은 온데간데없이 사라졌습니다.

3. 저희 가정에 부흥의 약속과 신앙의 회복의 증거들을 나타내 보
이셨습니다. 약속의 하나님은 그 언약을 하나님의 때에 반드시
이루신다는 사실을 굳게 붙잡았습니다.

4. 하나님의 살아계심과 하나님을 100%로 신뢰한다는 고백을 온
가족이 동일하게 쏟아내었습니다.

[기도는 성령을 통해 신앙의 성장과 성숙의 열매를 가져온다]

임의적이고 자발적인 신앙인이 된다 〈요3:8〉

성령님의 조명(사인)을 받는다 〈요14:26〉

전도의 문을 열어준다 〈골4:3〉

성령님의 거룩한 성품을 닮아간다 〈갈5:22〉

성령님 안에서 친밀한 사귐을 누린다
〈요일1:3〉 〈계3:20〉 〈창18:7〉 〈신34:10〉